山西古村镇系列丛书

山西省住房和城乡建设厅组织编写

官沟古村

薛林平 陈海霞 高蕊馨
夏渤洋、张夏华 于丽萍 著

中国建筑工业出版社

图书在版编目(CIP)数据

官沟古村／薛林平等著．—北京：中国建筑工业出版社，2011.5
（山西古村镇系列丛书）
ISBN 978-7-112-13194-5

Ⅰ.官… Ⅱ.薛… Ⅲ.乡村-古建筑-简介-阳泉市 Ⅳ.K928.71

中国版本图书馆CIP数据核字（2011）第071661号

责任编辑：费海玲
责任设计：董建平
责任校对：陈晶晶　王雪竹

山西古村镇系列丛书
山西省住房和城乡建设厅组织编写

官沟古村

薛林平　陈海霞　高蕊馨　夏渤洋　张夏华　于丽萍　著

*

中国建筑工业出版社出版、发行（北京西郊百万庄）
各地新华书店、建筑书店经销
北京方舟正佳图文设计有限公司制版
北京方嘉彩色印刷有限责任公司印刷

*

开本：787×960毫米　1/16　印张：12　字数：235千字
2011年6月第一版　2011年6月第一次印刷
定价：50.00元
ISBN 978-7-112-13194-5
　　　(20588)

版权所有　翻印必究
如有印装质量问题，可寄本社退换
(邮政编码 100037)

《山西古村镇系列丛书》

主　编：王国正　李锦生
副主编：张　海　薛明耀　于丽萍

《官沟古村》

著　者：薛林平　陈海霞　高蕊馨
　　　　夏渤洋　张夏华　于丽萍

丛书总序

我曾多次到过山西,这里丰富的历史遗存和深厚的人文底蕴,令人赞叹,给人的印象非常深刻。山西省建设厅张海同志请我为《山西古村镇系列丛书》作个序,在这里我就历史文化遗产和古村镇保护等有关问题谈一些粗浅的想法。

国际经济社会发展的经验证明,一个国家城镇化水平达到30％以后,城镇化进程不断加快,随之出现城市建设的高潮;人均生产总值达到1000～3000美元时,进入经济发展的黄金期,也是多种矛盾的爆发期,这个时期不仅可能引发各种社会矛盾,还会出现许多问题。我国城镇化水平2003年就已经超过了40％,人均生产总值2006年已经超过了2000美元,国民经济快速发展,城镇化进程不断加速;在城市建设日新月异的发展中,中央又审时度势提出了"两个趋势"的科学判断,作出了加强小城镇和新农村建设的决策。过去,我国城市的大批建筑遗存,正是在大搞城市建设中遭到毁灭性破坏。现在,我国农村许多建筑遗产,能否在小城镇和新农村建设中有效保护,正面临着严峻考验。处理好小城镇和新农村建设与古村镇保护的关系,保护祖先留下的非常宝贵、不可再生的文化遗产,是历史赋予我们义不容辞的责任。

对于建筑历史文化遗产的保护,人们的观念不断创新、思路逐步调整、方法正在改进,从注重官府建筑、宗教建筑的保护,向关注平民建筑保护的转变;从注重单体建筑的保护,向关注连同建筑周边环境保护的转变;尤其是近年来,特别关注古村镇的保护。因为,古村镇是区域文化的"细胞",是一个各种历史文化的综合载体,不仅拥有表现地域、历史和民族风情的民居建筑、街区格局、历史环境、传统风貌等物质文化遗产,还附着居住者的衣食起居、劳动生产、宗教礼仪、民间艺术等非物质文化遗产。我国现存有大量的古村镇,其历史文化价值和社会经济价值都是巨大的,按照英格兰的统计方法,古村镇的价值应占到GDP的30％以上。然而,认识到这一点的人并不多,甚至有人认为古村镇、古建筑是社会发展的绊脚石,这种观点对于文化的传承和社会的进步都是极为不利的。在快速推进的城乡建设浪潮中,我们所面临的最大问题就是,大批历史古迹被毁坏,大批古村镇被过度改造,使中华民族的历史文化遗产严重损坏。在这个时候提出古村镇的保护,实际上是一项带有抢救性的工作。

2008年1月1日开始实施的《城乡规划法》,突出强调了保护历史文化遗产的重要性;2008年4月又颁布了《历史文化名城名镇名村保护条例》。历史文化名城保护工作已开展近30年,历史文化名镇名村保护工作也已启动,现在大家基本达成共识,保护有价值的古村镇,其实就是"保护文化遗产,弘扬优秀的传统文化……保持民族性,体现时代性"。但是,当前全国历史文化村镇保护的形势仍然不容乐观,保护工作极不平衡,一些地方还未认识到整体保护历史文化村镇的重要性，忽视了周边环境风貌和尚未列入文物保护单位的优秀民居的保护，制定和完善保护历史文化村镇规划的任务还十分艰巨；一些地区片面追求经济效益，对历史文化村镇进行无限度、无规划的盲目开发；一些地方擅自改变国有文物保护单位的管理体制，交给企业经营管理。

  作为华夏文明的发祥地之一，山西有着丰厚的文化积淀和历史遗存，不仅有数量众多的古建筑，还保存有大量的古村镇。由于山西历史悠久、民族聚居、文化融合、地形差异等多因素影响，再加之较为发达的古代经济，建造了大量反映农耕文明时代、各具特色的古村镇。这些古村镇，一是分布在山西中部汾河流域，以平遥古城为中心，以晋商经济为支撑，体现晋商文化特色；二是分布在晋城境内沁河流域，以阳城县的皇城、润城为中心，以冶炼工业及商贸流通为支撑，体现晋东南文化特色；三是分布在吕梁山区黄河沿岸，以临县碛口古镇为中心，以古代商贸流通、商品集散为支撑，体现晋西北黄土高原文化；四是沿山西省内外长城，在重要边关隘口，以留存了防御性村堡，体现边塞风情和边关文化，在山西统称为"三河一关"古村镇。这些朴实生动和极富文化内涵的古村镇，是人类生存聚落的延续，是中国传统建筑的精髓；保存有完整的古街区、大量的古建筑，体现着先人在村镇选址、街区规划、院落布局、建筑构造、装饰技巧等方面的高超水平；真实地反映了农耕文明时代的乡村经济和社会生活，凝聚了劳动人民的智慧，沉淀了中华民族的优秀文化，传承了丰富的历史信息；具有浓郁的地方特色和很高的研究价值，是人类共同的文化遗产和宝贵财富。

  山西省建设厅一直对古村镇及其文化遗产的保护非常重视，从2005年开始，对全省的古村镇进行了系统普查，根据普查的初步成果，编辑出版了《山西古村镇》一书；同年，主办了"中国古村镇保护与发展碛口国际研讨会"，并通过了《碛口宣言》。报请省政府下发了《关于历史文化名镇名村保护工作的意见》，并分两批公布了71个"山西省历史文化名镇名村"，其中18处已经成为"中国历史文化名镇名村"。为大部分古村镇制定了科学的保护规划，开展了多层次的保护工作，逐步形成了科学、合理、有效的保护机制。为了不断提高人们的保护意识，他们又组织编写了《山西古村镇系列丛书》。本系列丛书撷取山西有代表性的古村镇，翔实地介绍了其历史文化、选址格局、建筑特色、非物质文化遗产，内容较为丰富。为了完成书稿的写作，课题组多次到现场调查，在村落中居住生活了相当一段时间，积累了大量第一手资料。通过细致的测绘图纸和生动的实物照片，可以看到他们极大的工作热情和辛勤劳动。这套丛书不仅是对古村镇保护工作的反映，更有助于不断增强全社会的文化遗产保护意识。让我们以此为契机，妥善处理保护与发展的关系，做到科学保护、有效传承、永续利用历史文化遗产，不断开创历史文化名镇名村保护工作的新局面。

  是为序。

住房和城乡建设部　副部长

目　录

丛书总序

第一章 官沟古村的历史文化 ……………………………………………… 1
　一、官沟古村概述 ………………………………………………………… 2
　二、官沟古村历史沿革 …………………………………………………… 6
　　　1. 村名考 …………………………………………………………… 6
　　　2. 张氏家族与官沟村的繁荣 ……………………………………… 7
　　　3. 张氏名人 ………………………………………………………… 10
　　　4. 张氏坟茔 ………………………………………………………… 15

第二章 官沟古村的空间格局 …………………………………………… 17
　一、村落选址 …………………………………………………………… 18
　　　1. 地理环境 ………………………………………………………… 18
　　　2. 风水观念对村落选址的影响 …………………………………… 20
　二、村落布局 …………………………………………………………… 20
　　　1. 总体布局 ………………………………………………………… 20
　　　2. 道路格局 ………………………………………………………… 23
　三、村落空间特色 ……………………………………………………… 29
　　　1. 空间结构 ………………………………………………………… 29
　　　2. 空间秩序 ………………………………………………………… 39

第三章 官沟古村的各堂院落 …………………………………………… 41
　一、概述 ………………………………………………………………… 42
　　　1. 院落概况 ………………………………………………………… 42
　　　2. 院落构成 ………………………………………………………… 46
　二、长庆堂与忠信堂及周边院落 ……………………………………… 54
　　　1. 概述 ……………………………………………………………… 54

2. 长庆堂 · 58

　　3. 忠信堂 · 63

　　4. 周边院落 · 66

三、德庆堂和崇本堂以及其附属院落群 · 71

　　1. 概述 · 71

　　2. 德庆堂及其偏院 · 73

　　3. 崇本堂及其北侧院落 · 78

　　4. 附属建筑群 · 81

四、上巷义和堂及其周边院落 · 84

　　1. 概述 · 84

　　2. 义和堂及其上大高房 · 85

　　3. 义和堂的下院——致和堂 · 89

　　4. 义和堂南侧诸院——孝友堂 · 92

　　5. 张士荣父子旧居及红土堰 · 95

五、沙湾双喜院建筑群 · 96

　　1. 概述 · 96

　　2. 敦厚堂 · 97

　　3. 进修堂 · 101

第四章 官沟古村的装饰艺术 · 103

　　1. 墀头 · 104

　　2. 墙基石 · 107

　　3. 博风 · 110

　　4. 屋脊装饰 · 111

　　5. 窗格 · 111

　　6. 门墩 · 113

  7. 铺首 ··· 115
  8. 影壁 ··· 115
  9. 柱础石 ··· 118
  10. 排烟口 ··· 120
  11. 神龛 ··· 122

附录 ·· 125
  附录1 历史建筑测绘图 ··· 125
  附录2 史料选录 ··· 175
  附录3 人物传记 ··· 181

后记 ·· 184

【第一章】

官沟古村的 历史 文化
LISHI WENHUA

一、官沟古村概述

官沟古村位于山西省阳泉市西郊（图1-1），距市区约8公里，包括"张家大院"和"双喜院"两个部分。"张家大院"属官沟自然村（图1-2），"双喜院"属沙湾自然村。两村南北并行排列，之间是农田，有两条小路相连[1]。古村北、西、南三面邻山，东侧紧邻官沟河。村落南北长约460米，东西宽约180米，总占地面积约8.3公顷。村中大部分历史建筑为清中期所建（图1-3）。2010年，官沟村被列为山西省省级历史文化名村。

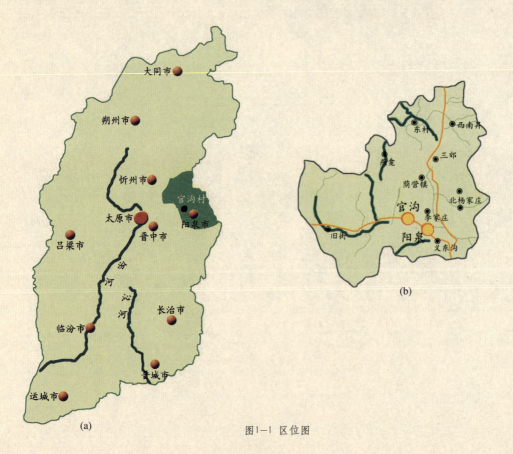

图1-1 区位图

---

[1] 现在的官沟行政村包括官沟自然村、沙湾自然村、半沟自然村和口上自然村，隶属于阳泉市郊区平坦镇。

图1-2 "张家大院"全景

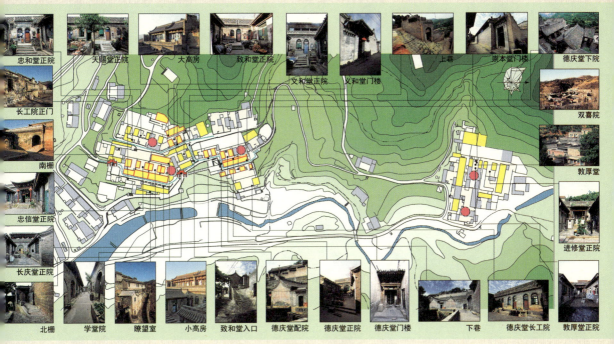

图1-3 遗产资源分布图

阳泉一带很早就有人类居住。市境西南部的枣园等处曾出土过人工打制的石器，这些石器属于旧石器中期的文化产物，距今约有10万年以上[1]。该地最早见诸史籍的是春秋后期地处盂县盆地的仇犹国。秦始皇二十六年（公元前221年），秦统一全国，"分天下以为三十六郡"[2]，当时阳泉属太原郡。从西汉起，这里先后设置过上艾县（后改称石艾县、广阳县、平定县）、原仇县（后改称盂县）、苇泽县、乌河县等。从唐代起，先后设置过受州、承天军、平定军、平定州、盂州和平定直隶州。以"平定"二字名军、名县，乃援引"四方既平，王国庶定"[3]之意。关于平定之历史，有兴趣的读者可参阅明万历《平定州志》以及清乾隆十四年（1749年）、三十四年（1769年）五十五年（1790年）及光绪八年（1882年）相继续修的《平定州志》[4]（图1-4）。

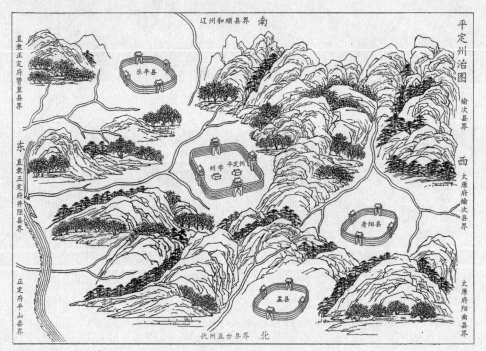

图1-4 平定州治图[5]

---

1 阳泉市地方志编纂委员会编，阳泉市志，当代中国出版社，1998年。
2 司马迁（西汉）《史记·秦始皇本纪》。
3 《诗经·大雅·江汉》。
4 （明）宋沛修，（明）延论纂，平定州志，十二卷，万历二十三年（1595年）；（清）金明源，平定州志，十卷，乾隆十四年（1749年）；（清）赖昌期修，（清）张彬，（清）沈晋祥，平定州志，十六卷，光绪八年（1882年）。
5 （清）觉罗石麟修，（清）储大文纂，山西省史志研究院整理，山西通志，中华书局，2006年，第15页。

阳泉市位于山西省中部东翼，地处黄土高原东缘，太行山中段西侧，主要为山地和丘陵地貌。官沟古村地处刘备山和狮脑山两大山脉之间，地形绵延起伏。村东有一条小河[1]，蜿蜒而过，后汇于桃河（图1-5）。刘备山脉为北方山山脉的支脉，是温河与桃河的分水岭；狮脑山脉又称南方山山脉，是七岭山脉的支脉，展布于桃河以南，与刘备山脉隔桃河南北相望。元代吕思诚《丰济王庙记》[2]："去平定州城三十里，有里曰赛鱼，南临桃水。有狮子山，多松柏檞桧"，文中提到的狮子山，就是现在的狮脑山，并记载"桃水，在州西九十里，一名洮水。源出寿阳东太平谷，东流经州境，至乱柳村，合南川、嘉水、石门河、清玉峡水，至承天军合泽发水，繇石峡入井陉县，东流入冶河"[3]。北魏《水经注》中载"斯洨水首受太白渠，太白渠首受绵蔓水，绵蔓水上承桃水。水出乐平郡之上艾县，东流，世谓之曰桃水。"[4]

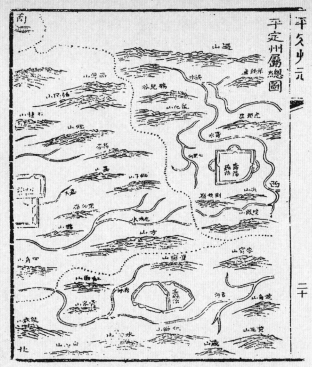

图1-5 平定州属总图[5]

阳泉市地处暖温带大陆性季风气候区，年平均气温10.1℃，年平均降水540.2毫米，四季分明，冬夏季较长、春秋季偏短。春季干燥多风，夏季炎热多雨，秋季温和凉爽，冬季绵长寒冷。窑洞适应当地的地质、地貌和气候等自然条件而产生，很大程度地影响着官沟村独特的村落格局。

---

1 村民称之为官沟河，流水四季不断。
2 吕思诚，字仲实，平定州人，元朝著名大臣，任中书左丞。
3 （清）觉罗石麟修，（清）储大文纂，山西省史志研究院整理，山西通志，中华书局，第611~612页。
4 转引自：（清）觉罗石麟修，（清）储大文纂，山西省史志研究院整理，山西通志，中华书局，第613页。
5 乾隆版《平定州志·绘图》，第20页。

二、官沟古村历史沿革

1. 村名考

《赛鱼张氏西股家谱》[1]记载"六世张文秀,居官溝",这是现今发现的关于"官沟"村名最早的文字记载(图1-6和图1-7)。该家谱修编到张氏十三世,推算可知,张文秀在清康熙年间迁往"观沟"居住。官沟张士林墓志铭载"墨卿张君,平定赛鱼村观沟人"[2](图1-8),[3]该墓志铭写于民国16年(1927年),由此可以看出,此时的"观沟"是"赛鱼村"的一部分,不是完整意义上的村落。因此,在光绪八年(1882年)版《平定州志》所绘图中,没有出现"观沟村"。

《山西省阳泉市地名志》载,官沟村名的来历有二:"(1)地处口小肚大形似罐子的山沟,故名罐沟,后谐音为观沟;(2)古有一座观音庙故得名观沟。因嫌繁体'觀'字笔画多,1954年改为官沟。"[4]在村北的树林有观音庙遗址,庙宇因年久失修坍塌,现存古庙碑帽、碑座

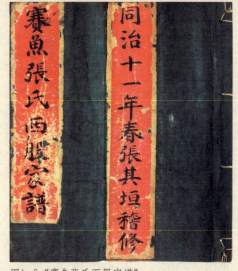

图1-6 《赛鱼张氏西股家谱》

图1-7 《赛鱼张氏西股家谱》内页

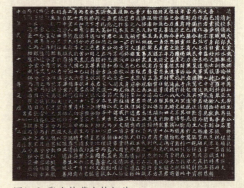

图1-8 张士林墓志铭拓片

---

1 赛鱼张氏西股家谱,张其垣于同治十一年(1872年)编修,现存于张承铭家中。
2 张士林,1856年出生,官沟古村张氏八世,忠信堂掌门人,爱国绅士。
3 该墓志铭现只存拓片照片,张承铭提供。墓志铭全文详见本书附录。
4 山西省阳泉市地名委员会,山西省阳泉市地名志,1994年,第176页。

图1-9 观音庙遗址

图1-10 观音庙碑座照片

和禅窑遗址（图1-9、图1-10）。

另外，据张氏后人张承铭叙述[1]，清朝时期，官沟张家致富后，张氏子孙捐了不少官衔，例如张士林是清奉政大夫戴花翎候诠同知太学生，张士义是例授武德尉候铨守御等，他们都有花翎顶戴、礼服朝珠，所以人们便把"观沟"叫成"官沟"。但是在正式书写行文上还是"观沟"。直到1954年农村实行村社化改革，村名正式改为"官沟"，沿用至今[2]。

2. 张氏家族与官沟村的繁荣

1）官沟张氏的来历与兴起[3]

据《阳泉郊区志》记载[4]，大约在明正德年间，一位姓张的江西人在平定做官，落籍在平定县小峪村，所生两子，张鹤留住小峪，张鹏迁居赛鱼村[5]，后延续发展成赛鱼张氏家族。康熙年间，赛鱼村张文秀迁居官沟，成为官沟张氏的起源[6]（图1-11和图1-12）。

---

[1] 张承铭，1933年出生，官沟古村张氏十一世，敦厚堂后人，家中收藏有大量关于官沟古村的资料。
[2] 现在多认为村名由"观沟"改为"官沟"，但最早的文字记载为"官沟"，现无考。
[3] 参考文献：阎爱英主编，晋商史料全览·阳泉卷，山西人民出版社，2006年，第3页。
[4] 阳泉市郊区地方志编纂委员会编，阳泉市郊区志，中华书局，1999年，第150页
[5] 光绪版《平定州志》载："张鹏，嘉靖三十二年榜，益都县知县。"
[6] 据《晋商史料全览·阳泉卷》记"官沟张氏家族的起源，大约在清康熙年间，由赛鱼村张氏六世张文秀迁居官沟，生息繁衍至今300余年，已传十四世，现有后裔300余人，占全村人口的35%左右。赛鱼张氏，是由平定榆关迁来的，与小峪张氏同祖。据《小峪张氏族谱》记载：早在元代延祐二年（1315）由洪洞古槐下迁居榆关（今平定上城），传二十世。上下十三世湮没，次世失传，无法连接，只能推张鹤为小峪张氏始祖。《赛鱼张氏族谱》无序，只记始祖张鹏、张鹤，并注张鹤住平定小峪。由此得知，赛鱼官沟张氏，与小峪张氏同祖都是洪洞古槐下移民。"

图1-11 赛鱼张氏族谱

图1-12 乾隆版《平定州志》"张鹏"记载

张文秀以耕地为生，儿子张有云游到河北古北口外[1]，在一家山西介休县冀姓开设的商铺门前摆摊劳作，以钉鞋为业，两家以山西老乡相处，非常亲近。后来，张有钉鞋挑担里的铁质锅盆引起了当地人的兴趣。铁锅是山西阳泉特产，因此张有每回家时，多有人托代买一口。后来，请求代买的顾主越来越多，张有便改业，开始用手推车长途贩运铁锅，然后放到冀家杂货店销售。买卖越做越大，于是两家合伙重修铺面，扩大经营，定铺面名为"永义公"商号。官沟村张家从此日趋兴旺。

永义公商号凭借冀家的经营经验和张家的勤劳辛苦，经过数代经营，生意大大发展。道光年间，张家在河北获鹿成立了支店永太公商号，专门收购平定阳泉一带的铁货并向外地转发，后又在热河赤峰设分店义和公，在锦州设分店永和公。在河北、山西、辽宁、吉林等地都设立了支店，统称"永"字号。"永"字号最为兴盛的时期为清道光十年（1830年）前后至民国初期。

张家除商号旅店外还经营着一部分土地。既可出租解决本家族的吃粮问题，又可作为张家外地商业发展的可靠后盾。赛鱼村的上等土地基本被张家垄断，大墕、寺滩、斗坪、二十亩坪肥沃土地，有200余亩，都属官沟村张家。在白泉、杨家庄一带还有300余亩租米地，统一由张家在白泉的增长隆商号管理收租。

2）村落的演变过程

官沟村的演变，大致经历了四个时期。以下根据张氏家谱、现存碑文及村中老人口述

---

[1] 现在属河北承德。

内容，对村落的演变过程作一简单梳理。明清时期，富豪人家习惯以经商的堂号代替各家族的支系名称，官沟张氏也不例外，都以堂号为院落命名。

首先，在清朝康熙年间，张文秀在红土堰开辟几眼土窑为居家生活之用。然后，随着张氏子孙在外经商有为，在三世张得成、张得明、张得高三兄弟时，分成了广和堂、永和堂、忠义店三大股，忠义店后来迁回赛鱼。广和堂下支忠和堂、义和堂、致和堂、天赐堂、孝友堂首先修建宅院。再次，清朝中期，在"永"字号生意最为兴隆的时候，永和堂下支长长庆堂、德庆堂、永庆堂、忠信堂开始修建宅院。它们随山势分为两股，一股由忠信堂、长庆堂及其附属院落组成，另一股由德庆堂、永庆堂及其附属院落组成。最后永庆堂又分为三支，即崇本堂、敦厚堂、进修堂。在道光二十年（1840年）间，菜山再无土地可用来建造房屋，三义堂下支敦厚堂、进修堂两家只好重新选址。在沙湾劈山填河，修建敦厚堂与进修堂两组院落，统称为双喜院。至此，村落的形态基本固定（图1-13、图1-14）。

官沟村的发展主要集中在清朝中期。由于这一时间，官沟张氏生意发达，各个堂号也随之兴建。

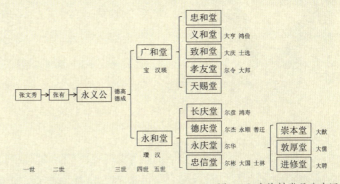

图1-13 官沟村堂号分布图

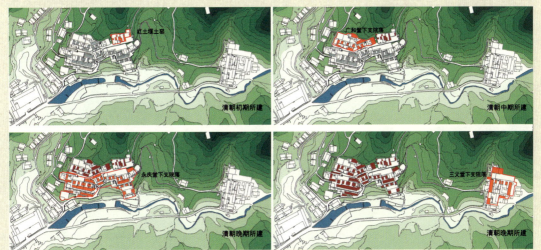

图1-14 演变过程分析图

3. 张氏名人

历史上官沟村张氏不仅在经商方面取得了成就，而且出现了多位尊师重教、爱国爱民的杰出人物，其中以张士林、张恒寿和张梅林为代表。

1）张士林

张士林（1856~1927年），字墨卿，清封奉政大夫赏戴花翎候诠同知太学生，因其爱国爱民、扶危济困、热心教育而受到人们的尊敬和爱戴（图1-15~图1-17）。光绪二十六年（1900年），张士林设立家塾两处，一处为一般儿童蒙学而建；一处是经馆，为参加科考的童生而建。入塾的本家子弟无几，而相约附读的学生却不少。清代最后一次科考，该塾馆考中秀才者多达5名。1904年"废科举，兴学堂"，张士林将两个家塾改并为一个小学堂，定名为"养正"小学堂。1909年，平定县在县城举行第一次各学堂小学生会考，养正小学堂名列全县第二名。1913年，平定县在赛鱼村设立第五高

图1-15 张士林像

图1-16 张士林铜像

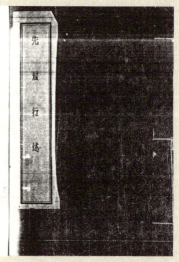

图1-17 《先君墨卿公行述》[1]

---

[1]《先君墨卿公行述》，是张士林儿子张同寿和张恒寿于1927年撰写，全文详见本书附录。

图1-18 "一乡善士"匾额

小。为支持新兴的学校,张士林不仅送子弟就读,还主动捐钱五百吊,又劝大阳泉村"魁盛号"郗家捐钱一百吊,作为津贴学生的基金。这一义举,对五高的发展起了很大作用。1914年以后的数年间,在五高享受津贴的学生中有后来成为革命干部的甄华、甄杰人、刘征田、余子宜等。光绪三年(1877年)华北遭受大旱,民众生活极端困难,张士林捐八百两白银[1],救助同乡灾民,度过难关,乡民敬赠"一乡善士"匾额(图1-18)[2]。

张士林不仅热心兴学助教,对国事也勇于坚持正义。光绪二十四年(1898年),英国商人哲英森与山西巡抚胡聘之互相勾结,盗据山西采矿权。光绪三十一年(1905年)七月,正太铁路阳泉段通车,哲英森的"福公司"插足阳泉,限制当地百姓挖煤。张士林对此义愤填膺,他邀请平定县的爱国绅士李毓惠、黄守渊、池庄等人组织了保艾公司予以声援,他出资白银三千两,资助争矿,山西"争矿运动"从此开始[3]。民国成立后,由平定籍省议员呈请山西省政府奖给张士林"急公好义"的匾额。《阳泉市志》、《阳泉郊区志》、《平定县志》、《阳泉教育志》都为其立传[4]。

---

1 光绪版《平定州志·人物·义行》十九页载"光绪三年大祲,四年复大疫……定中诸人,在就近个村庄,或举囊代粟……张大聘,布政司理问。以上五名各捐银八百两。"张大聘为张士林父亲。
2 原物毁于"文革",现存匾额为近年仿制。
3 中共阳泉市委宣传部编,山西争矿运动史料与研究,中国文史出版社,2006年,第267页。
4 详见本书附录。

2005年阳泉市委召开"纪念山西争矿运动100周年理论研讨会",根据《张公卿墓志铭》《先君墨卿公行述》等有关资料,认定山西争矿运动始发于阳泉,肯定张士林是争矿运动的首倡者、组织者以及物质上给予支持者的实力派代表。

2006年又发现了张士林在1910年撰写的《石艾乙巳御英保矿纪闻》(图1-19),它不仅弥补了山西争矿运动的史料不足,进一步肯定了张士林在山西争矿运动中首倡者、领导者及物质上大力支持的地位。

英使馆抄录的《平定矿产公会章程十条》。

1907年3月,山西同乡会事务所出版的保矿运动专辑《山西矿务档案》。

图1-19 《石艾乙巳御英保矿纪闻》

2) 张恒寿

张恒寿(1902~1991年),字越如[1],中国当代有重要成就的史学家、思想史家(图1-20和图1-21)。在中国古代思想史研究方面颇有建树,他的主要著作有《庄子新探》、《中国社会与思想文化》、《韵泉室旧体诗存》[2](图1-22)。1991年国学大师季羡林先

---

[1] 一字樾如,亦或月如。
[2] 《庄子新探》(湖北人民出版社,1983年);《中国社会与思想文化》(人民出版社,1989年);《韵泉室旧体诗存》(花山文艺出版社,1990年)。

图1-20 张恒寿像

生前往河北师范大学探望张恒寿先生,并为《张恒寿纪念文集》题词(图1-23和图1-24)。他生前所担任的社会职务有中国哲学史学会顾问、中国孔子研究会顾问、河北省历史学会会长等。《阳泉郊区志》为其立传[1],《世纪学人自述》中有其自传[2]。

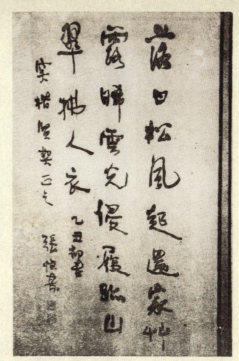

图1-21 张恒寿墨迹

图1-22 张恒寿作品

---

[1] 详见本书附录。
[2] 高增德、丁东主编,世纪学人自述(第二卷),北京十月文艺出版社,2000年,第214页。

图1-23 张恒寿与季羡林

图1-24 季羡林题词

3)张梅林

图1-25 张梅林像

图1-26 张梅林烈士陵园

张梅林[1](1912~1940年),官沟村人,革命烈士(图1-25和图1-26)。1937年参加"牺牲救国同盟会",同年加入中国共产党,1938年在平定县做牺盟会工作,后调寿阳县任县委书记,公开身份为牺盟会秘书。1940年6月为开辟寿东地区抗日根据地,在寿阳崔家垴开会时被日寇包围,率众突围时壮烈牺牲。1951年9月寿阳县人民政府在宗艾镇立碑纪念。1983年4月20日中华人民共和国民政部授予张梅林革命烈士称号。《阳泉郊区志》为其立传[2]。

4.张氏坟茔

张氏祖坟建在张家大院背后的山顶,距离大高房约5米,分为老坟和小坟两部分。小坟在上,老坟在下,俗称"人背鬼,老背小",寓意"尊老、爱幼"。两座坟地的形状,如一个压腰葫芦,坟顶松树岭处有一条小路与坟地相连,俯视像一根藤子上接着的葫芦,称"金线吊葫芦"(图1-27)。

---

1 张梅林原名张守光,字梅岭,曾用名章美玲。
2 详见本书附录。

老坟占地1000多平方米，葬有始祖张文秀及以下五世，约30余墓穴。有石牌坊，祭祀石桌，醮纸石盆。树有五六块墓碑，可见当时张家家境还不太富裕。小坟占地2000余平方米，葬有汉宰、汉臣、汉英三支，墓碑十二个，有墓穴30处，并有两座一丈多高的"诰封"碑楼，记载着张家情况，整个坟地松柏常青，四周沙石垒墙，青砖围边。祖坟点缀了古村建筑的格局，形成住宅与坟茔相融的独特建筑风格。可惜这些都以"四旧"被破除，改为耕地，现今成为林地。

图1-27 张氏祖坟示意图

另外，在古树东坡顺"百步台阶"而上，新建有张梅林烈士陵园，有原山西省委书记赵雨亭题写的墓碑，是古村又一爱国主义教育基地（图1-26）。

【第二章】

官沟古村的 空间格局
KONGJIAN GEJU

一、村落选址

1. 地理环境

  官沟古村主要由张家大院和沙湾双喜院两部分构成（图2-1），其中张家大院坐落于菜山山腰，沙湾双喜院位于菜山洼，两个组团皆坐西朝东。整座村落四面环山，山势平缓绵延（图2-2）。古村西南为逶迤的摩天垴、馒头山，正西为察皮洼梁，西北是西坡洼梁，东面是一道缓长的山脉，俗称东坡（七亩堰）。村落地势西北高东南低，官沟河的水流自大寨山西北山峰之间向东南流淌，绕村而过最终汇入桃河（图2-3）。

  官沟村的布局有其生态学意义。该地区冬季盛行西北季风，村落西北的西坡洼梁等山峰对寒风起一定程度的遮挡作用；村前的官沟河，可产生较大的湿度，并优化环境；坐西朝东的格局使村落拥有充分的日照；观音泉的水源保障了村民的生活用水需求；山野茂密的树林能够保持水土、避免滑坡。官沟村得天独厚的自然条件，为村落的发展提供了良好的物质基础。

图2-2 官沟村全景图

图2-1 枕山面水的官沟古村

2. 风水观念对村落选址的影响

风水的核心内容是对人居环境进行选择和处理，风水是影响官沟古村选址和发展的主要因素。晋朝郭璞的《葬书》有云："气，乘风而散，界水则止。古人聚之使不散，行之使有止，故谓之风水。风水之法，得水为上，藏风次之。"这就是中国山水学说中所讲究的"藏风聚气，得水为上"。藏风聚气的风水之地，山林宛转迤逦，或顺或逆，迂回盘旋，层层拱卫。官沟村周围山脉的山峰并不明显，山梁作为纽带连接着各个山体，犹如龙脊，曲折迂回，可谓藏风聚气。

水在古人眼中象征财富，讲究不见源流，不见地户。张家人深谙此理，故在为双喜院的修建整顿土地的时候，有意将官沟河增加了一定的曲度，既满足了张家人聚财之意——水流前不见头，后不见尾，又使官沟河显得更加婀娜多姿。张家大院北侧的观音泉，也为官沟的水环境增色不少，山泉共有11眼，水质清醇甘甜，村民灌溉和饲养牲口都用这山泉之水。山泉旁有观音庙，干旱时村民聚集在此祈雨。

图2-3 村落选址示意图

二、村落布局

1. 总体布局

1）平面布局

官沟村张家大院建于山地（图2-4），其入口位于建筑群东南的山脚下，进村需通过一段陡峭的坡道，这段坡道俗称"银元坡"。沿坡道上行45米出现分叉，一坡通向张家大院西侧，与南栅相连；一坡通向张家大院中部，与北栅出口会合。行至南栅或北栅处，即进入了张家大院院落群。其内部主要道路为两条南北走势的巷道，较高处的巷道为上巷，较

图2-4 官沟村模型

图2-5 建筑组团分布图

低处的巷道为下巷,它们联系着此处的四组建筑群(图2-5)。

上巷北端一组建筑群,在官沟村中建成最早,称红土堰院落群。上巷南侧条形组群是义和堂及其周边院落,呈并列式布局。其余建筑撒成八字向山脚发展,其中偏南一支为忠信堂、长庆堂及其附属院落,偏北一支是德庆堂、崇本堂及其场院、配院等附属院落。两组院落皆贴合

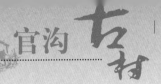

地形修建，与山势交错而生。

沙湾双喜院建于山洼之地，地势较平整，原来这里并没有直接与外界连接的道路，只村口有一松树坡与菜山张家大院相连，后来村东修建公路，村民出行变得方便。该处只有一组建筑群，为敦厚堂、进修堂院落群，即所谓的"双喜院"。它地处平地，较开阔，院落多沿进深方向发展，空间复杂多变，层次感强。但当时由于各种原因，并未建完，成为一大遗憾。

2）剖面组织

菜山张家大院内部空间严格顺应地形变化，呈阶梯状布局。地貌条件不仅控制了街巷的走势，也控制了建筑群落的剖面组织形式，形成了它独特的空间形态。

建筑群依附山体形态的变化交错生长，组群中的院落处于不同高差，达到11层之多（图2-6、图2-7）。村落如一条巨龙卧居于菜山山腰，气势磅礴，浑然天成。下窑上院的形态也体现了空间功能组织的多样性。

沙湾双喜院的内部空间主要在进深方向上体现层次感（图2-8），虽然地处平地，但是四进院（包括窑顶场院）的剖面组织也并不多见，院落空间更加深邃、更具底蕴。推开一扇一扇院门，随着空间的深入，装饰雕刻也越加精彩美妙，给人的心灵带来一种别样的震撼。

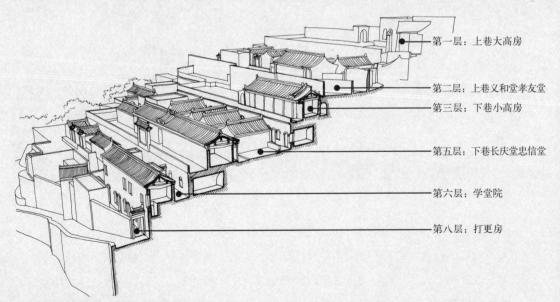

图2-6 长庆堂忠信堂建筑群剖透视图

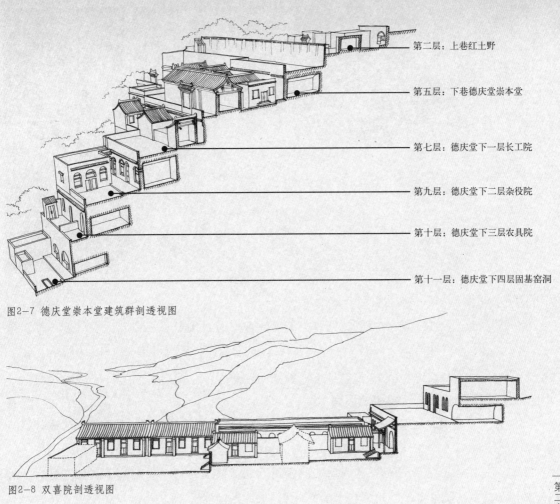

图2-7 德庆堂崇本堂建筑群剖透视图

图2-8 双喜院剖透视图

2.道路格局

  官沟村中的道路有水平交通和垂直交通两种模式。如图所示（图2-9），主要道路是入口坡道银元坡和上下巷道路。这三条道路主要连接村子的出入口及各堂号的出入口。次要道路是一些碎石铺砌的山路，连接起处于不同高差的院落，主要存在于附属建筑之间。另外有些院落之间有暗道相通，作为一种隐藏的道路形式，它主要起着危急时刻报信和藏身

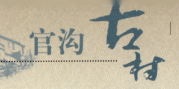

图2-9 道路分析

的作用。综合而言，官沟村的道路骨架清晰完整，各种街巷纵横交错，变化多端，富有趣味。

1）主要道路——银元坡和上下巷

银元坡是菜山张家大院的唯一入口坡道，坡度较大，起始处与马路相连，略宽，机动车可行。坡道在半山腰分为南北两坡，南坡通向南栅，坡度较缓，路较宽，可过马车、机动车，是进村的主要道路，建村时便已修建。北坡通向北栅，串联起碾坊和打更房的入口，坡地更为陡峭，路宽渐窄，宜步行，为民国时期修建。

银元坡名称的来历很有意思，据传民国9年（1920年），华北大旱，官沟村张家赈灾捐钱，为使灾款能真正发放到灾民手中，主持家政的张士林决定雇用灾民整修入口坡道，以工代赈。最终结算时发现每一块石料合一块大洋，故坡道取名银元坡，菜山张家大院也有了"银元山庄"的别名。

菜山张家大院内部地势起伏比较大，纵深空间局促，不宜采取井字格或中轴对称的路网布局，于是形成了两条基本呈南北方向的空间折线形道路，统领各主要堂院的出入口，称为上巷和下巷。

上巷（图2-13）起点位于孝友堂以南，原来路端有一栅门，后毁坏。它通过弯曲的山

图2-10 "银元坡"交叉口

图2-11 "银元坡"北坡

图2-12 银元坡速写

路与下巷连接。巷道基本平直，在致和堂处有略偏向北的角度，巷北的尽头有山路引人至观音泉。下巷（图2-14）起于南栅，但并非止于北栅，而是北上延伸至德庆堂和崇本堂前，形成拐折空间。下巷北端有两条山路，一条通向上巷，另一条向下通至观音泉，也可通向沙湾。山村里并没有小商铺，商贩往往拉货上来在上下巷中叫卖，故两条巷道也起到了流动集

市的作用。

巷道的沿街界面非常丰富（图2-15）。上巷两侧分别为义和堂组团的入口、忠信堂组团的后门以及德庆堂的场院山墙，界面际线时高时低，变化多样，另外建筑装饰如门楼、影壁等也赋予墙面细微的体量变化，吸引人们的视线，给人多变的空间体验。下巷因东侧建筑建于下一层高差，故其东面只有较矮的封护檐墙和照壁，走在其中可以眺望东坡，欣赏山色，西面是倒座立面，略显封闭，两侧界面对比鲜明，一开一闭，一虚一实，形成了别具一格的道路空间。

图2-13 上巷

图2-14 下巷

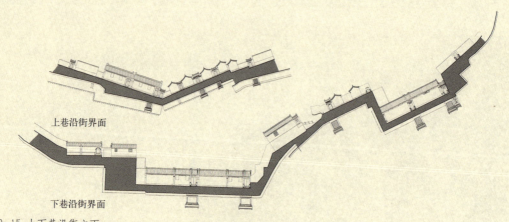

图2-15 上下巷沿街立面

2）次要道路——山间小路

官沟村的街巷布局除两条主要的轴线之外，主要通过山地坡道（图2-16、图2-17）连接各层建筑，因为山地建筑的高差不同，所以交通多为立体模式，依附于居民的使用需求而存在。

以老槐树附近的路网为例（图2-18、图2-19）。老槐树所处的平地为6条山地坡道的

图2-16 山间小路

图2-17 山间小路

交汇处，六条坡道通向不同的高差、不同的方向：向南有三条道路，一条向上通向北栅，与下巷相连，一条向下通向养正小学堂，为入户道路，还有一条向下通向银元坡，与村口相接；向北也分别连接三条道路，一条向上通向德庆堂崇本堂院落群，即下巷北段，另外两条分别向下通向德庆堂崇本堂下一层和下二层，皆为入户坡道。

除此之外，崇本堂以北的山路富有特色，山路连接着崇本堂下各层建筑，道路呈"Z"形排布在山腰之间，有的缓而窄，有的陡而宽，都用挡土墙围起防止塌陷伤人（后来村民人为修建）。虽然这不过是长工或者下人回家的野路，但却尽显拙朴，更多了几分野趣。

村中山路宽窄不一，形态各异，功能也各不相同，这也可称为张家大院道路结构中的独特之处，为其空间肌理注入了新的元素。

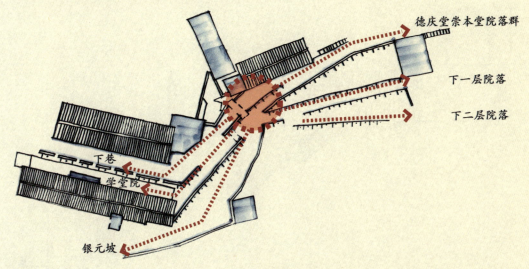
图2-18 老槐树路口

3）院落间的连接——暗道

菜山张家大院的山地建筑群落的各院之间若只靠山间小路相连，难免遇到诸多不便。比如打更房的院卫发现突发情况时，如沿山路行至长庆堂报信恐怕为时已晚，所以院落上下层之间又修建了暗道。

忠信堂长庆堂院落群的暗道起于打更房（图2-20），通过暗道抵达学堂院，再通过靠北第一眼窑洞中的台阶向上至长庆堂厢房，至此为止。如有意外，院卫便可由此及时告知主人。暗道高不及两米，宽可通过一人，通过台阶与上层相连。台阶窄而高，行走起来非常不便，空间显得十分局促。

德庆堂崇本堂组团亦有暗道相通（图2-21）。暗道起于德庆堂崇本堂下

图2-19 老槐树路口速写

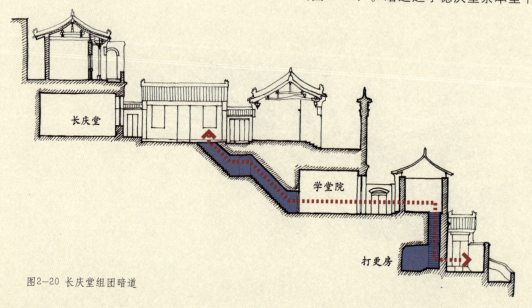

图2-20 长庆堂组团暗道

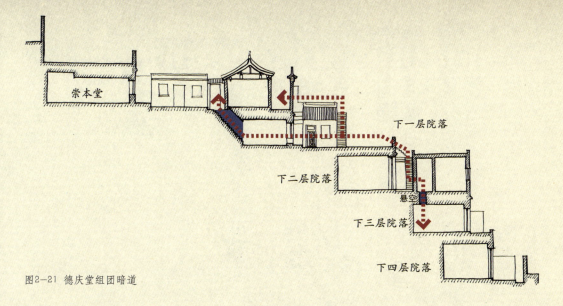

图2-21 德庆堂组团暗道

三层院落，正窑中靠北的第一眼窑，但是并非起于室内地坪高度，而是在悬在窑洞拱顶一侧，凿墙而置，距地面两米有余，借梯可至。暗道通向下二层院落北厢之中。北厢山墙处有一个明梯，宽不过80厘米，沿此梯可上至下一层场院抱厦内。至此，可继续走明梯，直达下巷道路，也可通过此院最北侧的配窑中的暗道通至崇本堂的杂院。

三、村落空间特色

1. 空间结构

1) 面——建筑组团

  官沟村中院落最初只有几眼靠崖窑洞，后来随着家族人丁壮大开始建造了由靠崖窑洞、厢房、倒座和门楼共同组成的院落。院落的主要组织方式有三合院和四合院两种形式，三合院由正窑、厢房、门楼组成，四合院由正窑、厢房、倒座组成。另外，由于山势陡峭，用地局促，也有仅由正窑和院子组成的长条形院落。官沟村中的重要院落是张家堂院，多为四合院形式，其他长工院和杂役院则主要由三合院或长条形院落组成。这些院落相互连接，则组成了既相互关联又相互隔离的建筑组团，也就是村落空间结构中最重要的"面"（图2-22）。

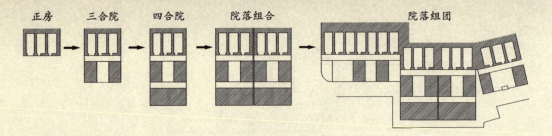

图2-22 面的形成过程

图2-23 院落横向排布示意图

　　官沟古村的院落群主要有横向、纵向和混合三种平面组织模式。

　　横向延伸，主要是指在同一平面上，院落的建造呈南北方向递进发展，这是官沟村中院落的一种主要组织形式。因为山地空间狭窄局促，院落无法沿纵深方向发展，故院落之间只能进行横向组合，如上巷义和堂及其周边院落。另外，下巷两大组团的主要堂院部分也遵循了这种规律（图2-23）。

　　当院落横向发展达到极限，但仍需要一些附属空间与主要堂号配合时，于是纵向发展模式产生。它的特点表现为院落沿高差层层向下布局，呈阶梯状发展。这种空间模式的优点在于将附属院落如长工院、饲养院等与主要院落通过高差隔离开，使功能分区更加明确，如下巷忠信堂长庆堂院落群和德庆堂崇本堂院落群（图2-24）。

　　混合模式不同于单纯的横向延伸和纵向发展，而是纵向横向同步进行，通过空间的连通达到"我中有你，你中有我"的紧密联系。这种模式多存在于平地，沙湾双喜院部分的两套并列三进四合院布局，就是这种模式的代表（图2-25）。

图2-24 院落纵向发展示意图

图2-25 院落混合模式示意图

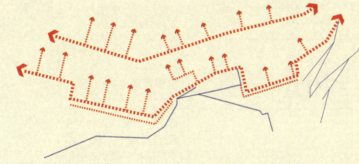

图2-26 道路的生长模式

我们发现，官沟村的主要建筑非常集中，地形的局限性使其院落排列得非常紧凑，脉络清晰，空间结构完整有序。

2）线——街巷

街巷是串联起面与面的重要组成部分，是整体空间中起到组织作用的线性空间。官沟村的路网构成有其内在特点：它的产生与建筑的生长相辅相成。早先，官沟村在红土堰建造第一眼窑洞，进而横向发展，红土堰之南建成了一排窑洞，门前需有一定的道路空间串联起各个入口，于是上巷出现。下一层院落群建成之后，也就同样产生了下巷道路。上、下巷需要有交汇，于是产生了各种路口。下巷以下的建筑群之间，亦有山间小路相连。村落整体的道路生长模式如图2-26所示。

官沟村中的道路在街巷尺度、道路铺装、道路交叉口等几方面又别具特色。

（1）街巷空间尺度

由图2-27的统计数据得知，官沟村的街巷道路中，银元坡较宽，约4米；上下巷的主要宽度约3米；山路较窄，在1~2米范围内。银元坡作为建筑群与外界道路连接的唯一通道，宽度允许马车通过。坡道一侧为高耸的建筑群，另一侧为山坡树林，虚实相对，风光

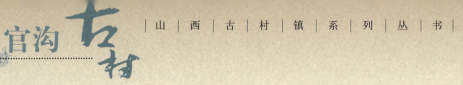

街巷名称	实景照片	路宽	剖面示意	界面围合	空间评述
银元坡		3.8m			此段为从山脚下通往菜山张家大院的必经之路，坡度较大，但是只有一侧有建筑，所以并不局促，因本身较宽，更显开阔。
上巷南		4.5m			此段空间较开敞，界面有转折，院墙高低错落不死板，有一定的通透性。
上巷中		2.7m			此段空间较平直，两旁为影壁和门楼，厢房山墙立面，天际线较丰富使得围合界面显得活泼。
上巷北		4.0m			此段有曲有折，类似上向南段，但是场院的山墙作为它一侧的主立面没有显得过于沉闷，略有转角调节了空间感受。
下巷南		2.7m			此段作为南北栅之间的主要道路，较平直，西界面为倒座，东侧通过影壁与矮墙的交错显示出层次感。
下巷中		3.5m			此段为交叉口附近的路段，较短但是略宽，与碾坊屋顶平台相连，平日人气颇高，老人孩子常聚在这段道路上乘凉。
下巷北		2.2m			此段为德庆堂前下巷道路，类同与南北栅之间的道路，影壁和矮墙的相间分布使得空间并不沉闷和狭长，反而视野开阔，易于观景
小路		1.5m			此段为通向德庆堂下一层院落的山路，一侧承高大的挡土墙，一侧临山野树林，波折宛转，但是具有一定的山野之趣。

图2-27 村落街巷空间对比分析

道路名称	实景图片	铺装示意	简要分析
银元坡		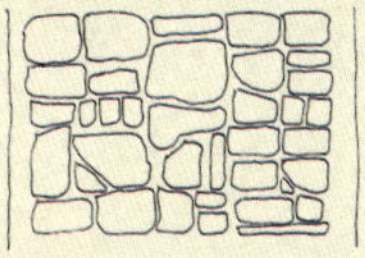	银元坡的铺装主要以轮廓较圆的大石块拼接而成，虽排布并不规整，但基本是大石铺砌，小石填缝。
上巷			上巷道路主要是长方形砖块短边拼接而成的道路，经过碾压道路平整，精致细腻。
下巷		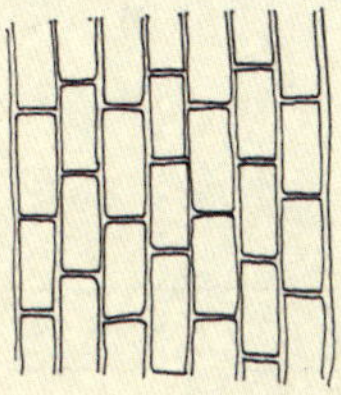	下巷道路由较大长方形砖块拼接而成，长约60cm，宽约40cm，显得大气稳重。
交叉口		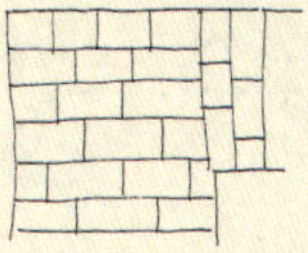	交汇口的用砖于上下巷基本相同，大小不一，沿着道路走势铺设，因为是坡地，经过雨水的冲刷较光滑，易摔倒。
小路			小路由圆石拼接而成，石头基本上是椭圆形的，大大小小，凸凹不平，与银元坡类似，但石块更小巧平滑。
小路			小路的铺装主要以带棱角的碎砖拼接而成。

图2-28 道路铺装分析

别致。上、下巷道路空间的围合感非常强,基本上每一段都有其自身的特色。首先,山体走势为道路提供了弯折的可能,折线形的道路往往更容易消除两侧密闭的压迫感,也更容易引导人们的视线变化。另外,道路两侧的门楼、照壁,表现出凹凸退进,也会使道路空间变得活泼。附属建筑群中的山间小路则皆为坡地,一侧为上层坡道的挡土墙,一侧为下层坡道,围合感较弱,但是视野开阔。

(2) 道路铺装

由图2-28统计结果可以总结得知,官沟村的道路铺装基本上也分三种类别。第一种是由较大的圆石块铺砌而成的道路,石块统一摆放方向,先铺设较大的石块,中间的缝隙用小石块补齐,表面凸凹不平,但具有较好的整体性,非常美观。这种铺砌方式主要应用于银元坡。第二种是由长方形砖块铺设而成的道路,取相同模式的青灰色砖块,拼接勾缝,像墙面上的铺砖一样,显得大气稳重。这种铺砌方式主要应用于上下巷。最后一种是由碎石块拼接而成的道路,有用不规则多边形砖瓦拼接而成的棱状道路,也有用小型椭圆石块拼接而成的小路,主要能够避免雨天路滑。

交叉口类型	示意图		空间描述
丁字形			主要存在与上下巷的衔接处,存在高差,道路较狭窄。
放射形			放射形道路为中心辐射道路,每一分支通向不同高差的巷道,所以实际上是三维立体的,像海星一样。
树杈形			树杈形道路主要存在于德庆崇本堂院落群的下巷以下部分,连接不同层的建筑。

图2-29 官沟村交叉路口汇总　　　　　　　　　⇢ 向下　　⇢ 向上

图2-30 上下巷丁字口坡道

(3) 道路交叉口

官沟村中的道路交叉口（图2-29、图2-30）形态活泼，连通着各条主次道路。路口的主要形式有丁字形、放射形和树杈形。丁字形道路交叉口主要存在于上下巷连接处，有高差，且坡度较陡。放射形道路主要存在于银元坡路和北栅前，都以一小块平地为中心，向不同方位、不同高度辐射多条道路。树杈形道路则主要存在于下巷以下附属建筑群中，以建筑入口前空间为节点向单边伸展出不同高差的几条道路。这些交叉口地带往往存在一片矮墙，或是一个拱门、一棵古树，村民可以坐在大树下的墙上聊天、择菜、闲话家常，使

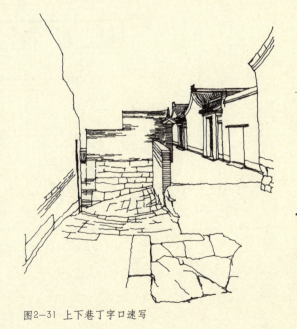

图2-31 上下巷丁字口速写

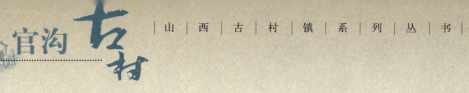

场院位置	场院平面	属性	空间描述
上巷	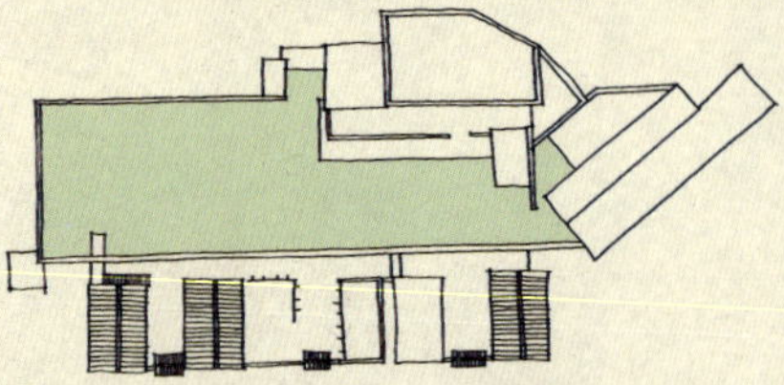	私属	场院较方整，与正房窑洞比邻，场院中有楼梯通向下层孝友堂，故推测为孝友堂原先附属院落的晒谷场院，但目前为官沟一号住所村民所有。
下巷长庆堂院落群		公有	场院位于小高房南侧，且有一门通向上巷，北侧西侧临界，东侧南侧为下层建筑，性质为公有，目前无人利用。
下巷德庆堂院落群	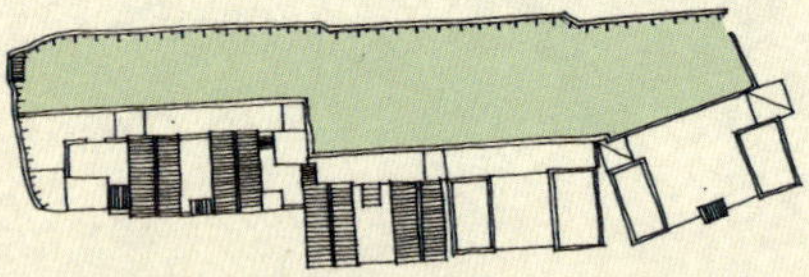	公有	场院位于德庆堂崇本堂正窑上，原有坡道直接通向德庆堂偏院，但是现将坡道封堵，故场院只有一门面向路口，性质也从私有场院变成公共活动场地，常有小孩成群结队在此玩耍。
下巷德庆堂院落群	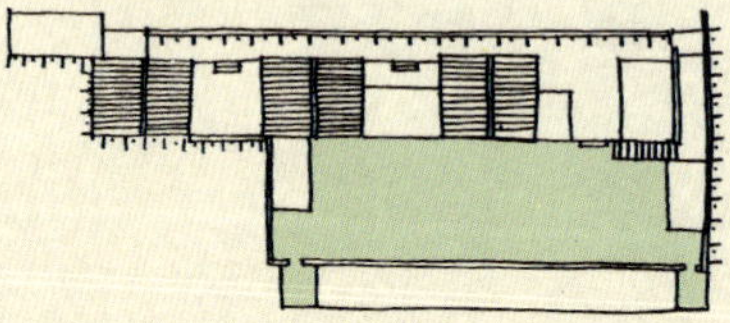	私属	场院原为德庆堂长工院晒谷场，两座抱厦分立两侧，但是日后抱厦损坏，场院因其没有面向街道的门而是与长工院院落相连，故现在归其居住者所有。
沙湾双喜院院落群	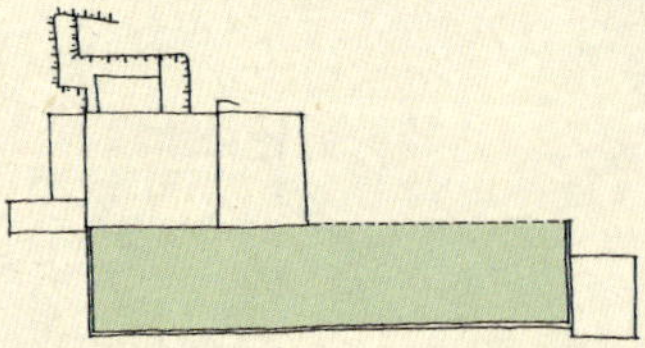	私属	场院属性明确，归其旁边的两座靠崖窑洞的居住者所有。

图2-32 场院分析

这些空间充满了生活气息。

3）点——停顿空间

官沟村中，点空间的引入，是使整个村落空间变得活跃的重要因素，点空间主要包括一些开放的晒谷场、路端空地、巷道拐折处等地方，这些空间曾经都有其各自功能，但是，现在这些节点，大多已成为村民聚集休憩的场所，也是孩子们玩耍的乐土。

（1）场院

清代时，场院空间（图2-32）用于晒谷、饲养等，大部分属于私人所有，有高墙围合，设有门楼与其所属院落连接。除秋季晒谷外，其他时间基本闲置，利用率不高。随着时间的流逝，这些场院中一部分仍作为私家场院，用于晒谷、存放饲料等，但也有一部分已经从院落中独立了出来，成为平台，供所有村民使用。因为场院上没有树木遮阳，故夏日少有人气，但冬季场院上阳光普照，孩子们经常来此游戏（图2-33）。山地建筑空间紧凑，少有建造广场空间的余地，这些场院就在功能上代替了广场的作用。

（2）街巷节点

图2-33 德庆堂上场院

| 山 | 西 | 古 | 村 | 镇 | 系 | 列 | 丛 | 书 |

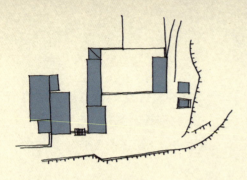

上巷北端空地　　　　　　　　德庆堂崇本堂下一层空地

图2-34 官沟村中空地平面图

图2-35 上巷端头空地

图2-36 德庆堂下一层院落门前空地

官沟村中的街巷节点由两部分组成，一种是位于道路交叉口或者道路尽端的空地节点空间，另一种是道路发生转折处的拐折空间。

官沟村主要有两处空地节点（图2-34）。一处位于上巷北端（图2-35），一棵老槐树擎起一片绿荫供村民夏季乘凉。此处是观音泉和上巷的交汇处，村民从观音泉打水归来，都会在此处停留歇息，所以应用率较高。另一处空地位于德庆堂崇本堂下一层常工院的门前（图2-36）。与其说是空地，倒不如说是庭院贴切，因为是道路尽端，它的属性变得非常模糊，基本只供长工院现在居住的村民一家使用，但是仍有不少孩子会到那里玩耍。夏天的时候，老槐树

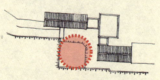

德庆堂过院拐折空间　　　忠信堂偏院前拐折空间

崇本堂前拐折空间　　　　北栅附近拐折空间

图2-37 道路转角

图2-38 道路拐折处

上的槐花香气袭人,使人心旷神怡。

　　道路的拐折空间在官沟村中比较多见,山地本身的变化就很丰富,故道路往往会存在转角,而这也就产生了停顿的可能,成为线性空间的顿笔之处(图2-37)。村民偶尔迎面相遇就会停下来在此闲话两句。这些小小的停顿空间角度多变,形状各异,显得非常活泼,为官沟村的空间体验增添了几分趣味(图2-38)。

2.空间秩序

1)建筑等级划分

　　官沟村大多建筑建于清代,其空间秩序也深受当时的尊卑观念和社会制度的影响。主院、下人院、长工院等院落的组织都依赖于等级秩序。在这种秩序的统领下,空间之间相互配合协调,形成了严整有序但又不失灵动的院落空间。

　　从宏观的角度,张家大院的等级秩序体现在院落功能布局上(图2-39)。张氏主人院

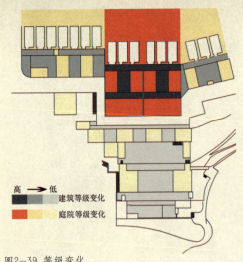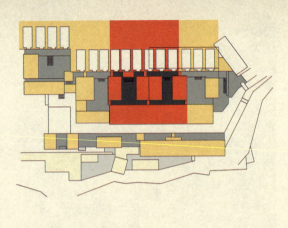

图2-39 等级变化

落皆为四合院形式，由正窑、厢房、倒座共同组成，两两并列；下人院伴其左右，通常为三合院形式；长工院、杂役院、饲养院等继而向下排布，形成以主人院落为核心的放射状阵形。

从微观的角度，张家大院的等级秩序主要体现在同一院落的不同地坪高度上。正窑地坪最高，为家中长者居住，倒座次之，为待客之地，厢房最低，为家中子嗣居所，这种高差证明院落内部空间存在长幼尊卑的等级属性。

2) 街道等级划分

官沟村中的道路也存在着明显的等级分别，它们按照不同性质、不同尺度担任着不同的角色。

第一级为银元坡，较官沟所有道路最宽，是过境马路与官沟村山地建筑联系的纽带，并且连通着上巷和下巷，如果把道路等级看成树的形状，银元坡当之无愧为"树干"。第二级即为上巷和下巷道路，道路平缓，砌筑工整，连接各建筑组团的入口，是村落的主要出行使用道路，故此道路应为"树枝"。第三级为山间的小路，较狭窄，亦陡峭，布局随意，为其"树杈"，具体情况已在上文详细阐释，不再赘述。

就官沟村的整体空间来讲，因修建年代相仿，组团内部的等级变化较明显，而组团之间基本保持着平等的关系，不存在前后、优劣差异，故山村的整体感很强，和谐统一。

【第三章】

官沟古村的 各堂 院落
GETANG YUANLUO

一、概述

1. 院落概况

图3-1 张家大院远眺（英山）

清代和民国时期，官沟村内只生活着张氏一族，村内建筑主要为居住建筑，分布在菜山与其北的沙湾。

菜山的张家大院（图3-1），以巷道为界，可以明显地分为四个群组，即红土堰的土窑院、上巷义和堂及其周边院落、下巷长庆堂忠信堂及其附属院落、德庆堂崇本堂及其附

属院落。其中，红土堰的建造时间最早，位于上巷北端；继而修建的是义和堂及其周边院落，在上巷南端；下巷院落建宅较晚，其中以长庆堂和忠信堂为主体的院落群位于下巷南端，德庆堂崇本堂及其附属院落位于下巷北端。这种由半山开始，向下发展的建宅规划，十分独特。

  道光年间修建的双喜院（图3-2），是最后修建的宅院，选址于山脚，不妨看做是对"层层向下"这一建造传统的延续。

  上述的五个部分均为张氏的宅院（图3-3）。除红土野的土窑院子外，其余各部分的组织模式大体相同。通常，各院落群由两个或更多的堂号组成，最上层为大面积的晒谷场，中间为堂号主院，下面或两侧另建有辅助性的院落（如长工院、饲养院、磨坊等）。

  由于受山地地形的限制，各堂号院落多以横向组合的模式扩展，各院之间又多以过门相通，空间组合更显开放活泼。沙湾的双喜院建宅最晚，且选址于山脚，用地较富余，于是沿纵深方向有所发展。

图3-2 双喜院远眺（沙湾）

图3-3 层层叠叠的张家大院

2. 院落构成

　　官沟古村的居住建筑主要采用传统的四合院模式，各院落由作为正房的窑洞和作为厢房与倒座的砖木房围合而成。正房窑洞前多有同院落面阔一致的台基，倒座前也对应设置左右贯通的过道，与院落主体一起，构成"工"字形院内空间。在此基础上，加减变化，灵活组合，形成了官沟独特的院落肌理（图3-4）。

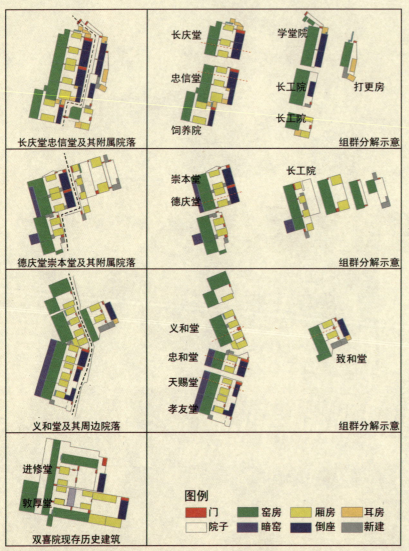

图3-4 官沟古村院落构成

1）大门

大门既是住宅的入口，也是主人身份与地位的象征。官沟古村中，院落的大门形式多样，种类繁多，并且十分注重与地形的契合。根据院落大门与周围建筑的关系，大致可以将其分为三类，即独立式门楼、屋宇式门楼、关口式门楼。

分类	编号	照片	平面	所属院落	入院方式	形态分析
独立式门楼	1		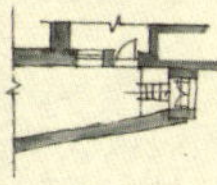	打更房	下入式	打更房北侧院墙因循地形向正房收束，面宽仅能容下一座门楼。
	2		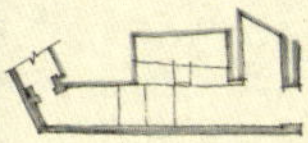	学堂院	下入式	学堂院的入口共有两道门楼，第一道坐落在北侧，与北栅并列，第二道门楼坐落在院落东侧，开在正房与倒座之间，两道门楼之间为一条宽敞的走道，相当于杂物院，西墙内开有固基窑洞，用于存放杂物。
	3		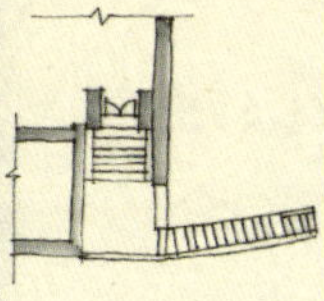	致和堂	上入式	致和堂坐落于高坡之上，院内外高差接近3米，不便直接向道路开门，因此在倒座北侧修建门楼，并在门外修建平台，向北修建楼梯与下巷较高一侧连接，形成独特的入口空间。
	4		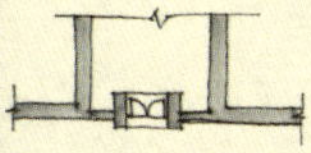	义和堂偏院	平入式	上巷诸院多为三合院形制，在院落东侧修建门楼，通过院墙与两厢山墙连接，作为院落东侧的边界，这是张家大院最普遍的入口形式之一。
	5		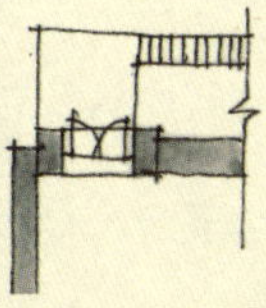	崇本堂下院	平入式	张家大院上下各组院落之间通过踏步连接，踏步与街巷交界处做一门楼，关键时刻开启，平时关闭，是连接上下层院落组团的节点。

图3-5 官沟古村建筑入口形式分析-1

分类	编号	照片	平面	所属院落	入院方式	形态分析
屋宇式门楼	6			忠信堂饲养院	上入式	忠信堂饲养院大门为砖木结构，门洞外间起拱券，不做装饰，里间裸露木结构，与倒座檐下木结构形制一致。
屋宇式门楼	7			长庆堂	上入式	长庆堂、忠信堂、德庆堂倒座高大，门楼也十分气派，雕刻、彩绘精致美观，里外间均施斗栱，是张家大院诸多院落中最为常见的一种门楼形式。
关口式门楼	8			南栅	平入式	此类门楼是张家大院的关卡，界定内外道路，是张家大院院落空间最外层界面的节点，体量比一般的门楼要高大，为砖石结构的拱门，檐下镶嵌石质匾额，这类门楼主要有南栅、北栅两座。

图3-5 官沟古村建筑入口形式分析-2

独立式门楼是指结构独立，不依附于其他建筑的一种门楼形式。这类门楼主要分布在上巷，常用作三合院的正门。门楼通过墙体与厢房的山墙相连，起到围合院落空间的作用。根据进入方式分类，也可将独立式门楼分为下入式、上入式和平入式，其中以平入式居多。下入式的门楼并不多见，采用这种入口形式的是打更房门楼，其毗邻上山的银元坡。银元坡北高南低，北端与打更房地坪同高，南端与院内地坪形成约4米的高差，利用这个高差可以将院中的雨水排出。上入式门楼以致和堂正门最具代表性。

屋宇式门楼通常与倒座结合在一起，取倒座的一间，作为门楼，檐下设斗栱，雕梁画栋，十分精致。门板多位于外金檩下，门楼里间既可以用于夏季纳凉，又可以堆放物品。屋宇式门楼主要分布在下巷，如长庆堂、忠信堂、德庆堂都采用了这种门楼形式。

关口式门楼是一组院落的公共入口，代表案例为下巷的南栅与北栅。此类门楼将古村公共道路与院落组团区分开，是建筑组群内、外空间的第一个过渡层次。

2）庭院空间

官沟古村居住建筑中的"庭院"，多由两厢之间的庭院主体、窑前台基和倒座前的"过道"组成，平面呈"工"字形；没有倒座和过道的呈"丁"字形，多见于三合院和敞院（图3-6）。

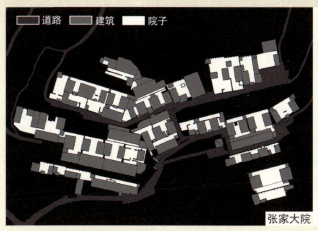

图3-6 官沟古村院落形态示意

  通常，庭院主空间宽约5米，纵深方向上不超过7米（不计窑前台基）。院落铺地都为砖墁地做法，形式比较简单。窑前宽约2米的台基，则为居室空间的延续，与庭院地坪间有4~5级台阶，有利于改善两侧暗间窑洞的采光条件。外侧的"过道"一般为3米宽，加上倒座檐廊下1米进深的灰空间，显得十分宽敞。旧时，张家堂号的东家多在倒座处理商务，宽敞的过道空间满足了这一功能需求。

图3-7 主要院落庭院空间举例

图3-8 附属院落庭院空间举例

官沟古村的院落形态除了"工"、"丁"两种外，还有许多狭长的"一"字形院，多位于长工房等附属院落，这种空间的形成多是由于山势陡峻、用地不足之故。

3）窑洞

官沟村的居住建筑中，院落正房多采用窑洞的形式，以靠崖窑居多，也有从平地起建

张家大院

双喜院

图3-9 官沟古村窑洞分布示意

图3-10 单窑单孔窑面举例

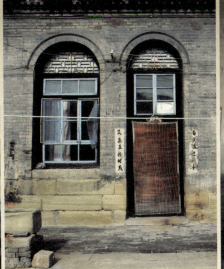

图3-11 单窑双孔窑面举例

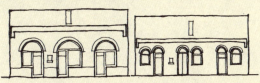

德庆堂　　　　　崇本堂

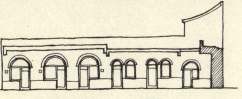

长庆堂（主院）　　偏院

图3-12 院落窑面形态组合及主次院对比

的锢窑（图3-9）。主院的正房窑洞多为一明两暗的三口窑形式。偏院则视用地大小而定，有窑洞三或两口。主院明间窑洞，多设木构的厦檐，檐下有斗栱，往往精雕细琢。

除红土野的土窑洞采用大块石料护面外，其余各院窑洞都用青砖砌筑[1]。磨砖对缝，墙体厚而密实，保温隔热性能极好。窑面开洞又分单窑单孔和单窑双孔，洞口尺度的处理比较灵活，院院不同（图3-10，图3-11）。其中主人院落窑面开洞较规整，附属院落则多自由随意、不拘一格（图3-12，图3-13）。

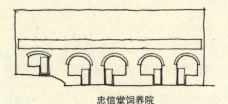

忠信堂饲养院

崇本堂下院

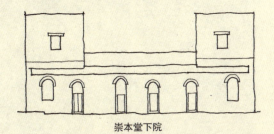

崇本堂下院

图3-13 不拘一格的附属院落窑面

---

[1] 据村民介绍，每个堂号的建院用砖都是自行烧制，砖模各自不同。

附属院落中，还常有"一进双开"的窑洞组织形式，即在"外间"窑面上开双孔分设门窗，"里间"窑面便只开一个尺度较大的窗洞，满足采光的需求。在双喜院，还修建有围窑（图3-14），即窑洞同正院的厢房后墙一起，组成跨院，院落形态呈一字形。

在作为居室的窑洞之内，再挖掘暗窑，在官沟村十分常见。同一院落群的暗窑往往相互通联。比较典型的是上巷孝友堂与下巷北端的德庆、崇本两堂（图3-15）。暗窑内砖拱的砌筑坚实平整，且其内部温湿度稳定，是居民们储藏粮食物品的极佳场所，还有调节外间窑房小气候的作用（图3-16）。

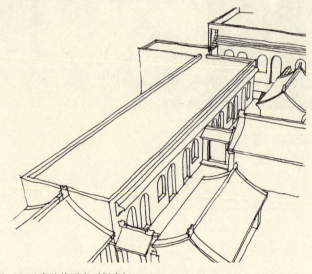

图3-14 双喜院的围窑（锢窑）

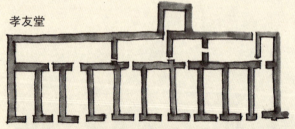

图3-15 孝友堂和德庆崇本堂窑之组织示意

图3-16 暗窑内部

4) 厢房与倒座

官沟古村的厢房及倒座大多为砖木结构的双坡硬山顶建筑,其屋面铺设筒瓦[1],有明显的曲线(图3-17)。

厢房以三间为主,进深五架无廊,出檐较小,不做过多的木作装修,不用斗栱,所装饰的彩画及三雕都比较简单;厢房檐柱及山柱包砌在空斗砖墙里,多系木柱,也有石质的实例,石柱端头,则凿有隼口,以进行石木构件的交接(图3-18,图3-19)。

正院倒座一般为五间,偏院倒座多为三间,进深七檩六架,设前廊,檐下斗栱墀头都是装饰的重点,木作的门窗格扇也都很精美。倒座对外的立面多开高窗,既有利于改善室内的光环境,便利主人"办公",也给原本封闭的外立面增添了不少生活气息。

此外,官沟古村的上下巷在其重要院落的窑顶上,还建有大小高房(图3-20),作为两支各自的祠堂。高房在建筑形式上同院落倒座相同,也是七檩六架设前廊,对应偏院的为三间祭祖堂,主院上五间则用于供奉神灵。

---

[1] 官沟古村院落群建于封建社会末期,故而院落用瓦没有拘于森严的等级规制。

图3-17 官沟古村屋面形式

图3-18 空斗砖墙中的木柱及屋架(义和堂南偏院)

图3-19 空斗砖墙中的檐柱(石质)

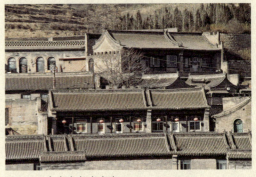

图3-20 大高房与小高房

二、长庆堂与忠信堂及周边院落

1.概述

下巷南端有长庆堂、忠信堂和周边院落（即打更房、学堂院、磨房和长工院）（图3-21、图3-22）。这些堂号的张氏子孙属于文秀—得成一支，院落的修建时间晚于上巷，

图3-21 长庆堂、忠信堂及周边院落全景图

具体时间已经无法考证。清光绪年间，忠信堂的主人张士林是一位爱国绅士，他重视教育，兴办私塾，参加过轰动一时的"争矿运动"，国民政府曾赠送他一块"急公好义"的匾额，表彰他的德行。其子张恒寿在国学方面颇有建树。

这组院落共分为四层。最高层为小高房，坐落于长庆堂正房窑洞之上。第二层是长庆堂、忠信堂两座大院，第三层是学堂院和长工院，底层为打更房和磨房。下巷的这组院落修建年代较晚，装饰构件遗存丰富，很好地保留了官沟古村的历史风貌。

山|西|古|村|镇|系|列|丛|书

官沟古村

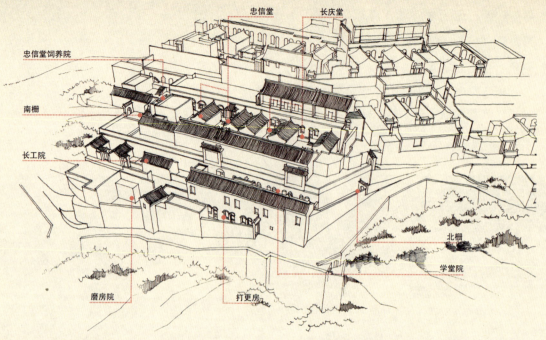

图3-22 长庆堂与忠信堂及周边院落鸟瞰图

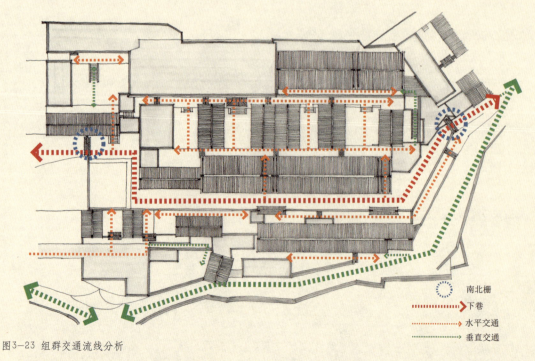

图3-23 组群交通流线分析

图3-24 北栅、南栅匾额

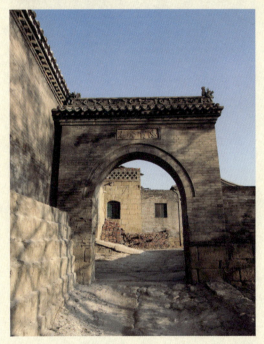

图3-25 南栅

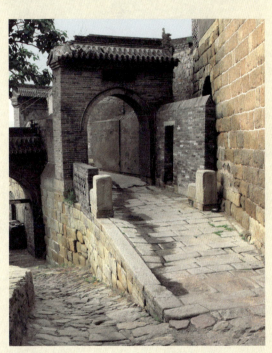

图3-26 北栅

  下巷从这组院落穿过（图3-23），在组团南北两端各设一座高大的门楼，作为关卡，村民称它们为南栅（图3-25）与北栅（图3-26）。两座门楼都是砖石结构，拱券门洞，正脊上镶嵌砖雕，门洞内外都镶嵌着砖质匾额（图3-24），北栅上为"長發其祥"和"慶積有餘"，南栅上为"忠貫金石"和"信格豚魚"，匾额的首字分别与邻近的长庆堂和忠信堂堂号相呼应。南、北双栅都与上山的银元坡相接，它们之间的这段下巷道路平整宽阔，视线通达，至今仍然是深受居民喜爱的活动场所。

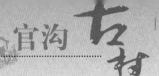

2. 长庆堂

长庆、忠信二堂沿下巷一字排开，长庆堂位于北侧，为一座两院并联的单进四合院，院落空间宽敞，进深达17米多（图3-27）。偏院位于北侧，正院位于南侧，两院通过一条过道连接起来。偏院面向下巷设置入口，北厢房后有一条石阶，从此拾级而上，便可到达小高房。

院落地坪沿纵深方向逐级升高：倒座前的过道与倒座地坪基本平齐，两厢之间的庭院主体被抬高约30厘米，正房窑洞前的台基与庭院又形成约半米的高差（图3-28）。方正的庭院空间和狭长的过道

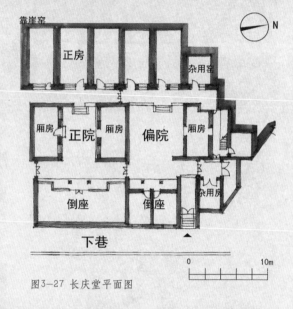

图3-27 长庆堂平面图

（图3-29）、窑前台基（图3-30）组成了长庆堂"工"字形的院落空间。窑前台基是主人走的，过道是下人走的，两条路一高一低，可以看出，官沟古村在院落空间中也包含了长幼尊卑的等级观念。两条过道向南延伸，与忠信堂相通，两家兄弟既各自独立，又可互相走动。

长庆堂的院门开在偏院，为一座屋宇式门楼（图3-31），位于倒座最北端的一间，共七檩六架椽，门内外均设影壁，形成幽深的灰空间。门楼内、外檐下各设一攒斗栱。位于里间的平身科斗栱，耍头上雕刻龙头，两翼透雕草龙。檐檩、坐斗、平板枋及额枋上均施彩绘，以青、绿为主色，图案已经残缺不全，难以辨认，唯檐枋上描金的锦文尚可辨认。

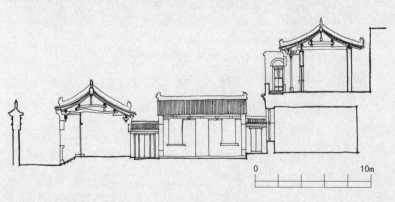

图3-28 长庆堂偏院剖面图

图3-29 倒座前过道

山│西│古│村│镇│系│列│丛│书

偏院为主人存放物品的处所，厨房及下人住所也在这里。倒座为主人招待客人的场所，相当于现在的客厅。倒座共三间，外有檐廊，上设五攒三踩斗栱，平身科饰以拐子龙，柱头科饰以麻叶头，厢栱饰以拐子纹与水纹，檐檩上牡丹与莲花的形象依稀可见，檐枋上绘锦纹，平板枋正中书圆形寿字，额枋、坐斗及柱头彩绘已经难以辨认。柱下设

图3-30 正窑台基　　　　　　　　图3-31 长庆堂门楼里间彩画

图3-32 长庆堂正院

图3-33 长庆堂正院倒座　　　　　　　　　图3-34 长庆堂正院倒座室内

束腰覆盆式柱础。倒座正面外墙南北两侧各有一组石雕，为狮子滚绣球纹样，这是倒座的排烟口之所在，狮子形象活泼灵动，是石雕之中的上品。

偏院仅有一座北厢，屋内有暗道出口，可与下层的学堂院相通，以备不时之需。偏院共有三眼窑洞，最北侧的一眼用于存放杂物，窑前有一道狭窄的拱门，与北厢后的狭长院落相通，方便主人到达小高房。两厢之间是7米见方的庭院主体，庭院空间十分宽敞，方便堆放杂物，同时拉开了倒座与正房窑洞之间的距离，有利于改善正房的采光条件。

偏院南侧是长庆堂的正院（图3-32），是主人居住的院落，老爷、太太居住在正窑内，儿女居住在厢房。中间的院落长边、宽边长度之比接近2∶1，空间狭长。

正院倒座（图3-33）为主人办公、处理事务的地方，相当于办公室。倒座为五间，中间三间为厅，南北各设一间暖阁（图3-34），斗栱均为麻叶头，厢栱雕刻祥云，各处彩绘保留完好，檐檩以绿色为底绘制山水，檐枋描以回纹。坐斗也以绿色为底，以赤色描绘宝珠及宝相花，栱垫板上彩绘寿桃、石榴、佛手等纹样，在平板枋与坐斗对应的位置绘制圆形寿字，以金色书写，富丽堂皇。其余各处以青色为底，以金色描以回纹，额枋之上彩绘龙、凤、树木花卉及仙人图案。木构件彩绘华丽精致，多处描金，足见当年主人之富庶。

图3-35 长庆堂正院正房窑洞顶装饰

图3-36 长庆堂小高房前过道

图3-37 长庆堂小高房

正院的正房窑洞辋窗雕有五福捧寿纹样。正立面与上层地坪的交界处做很小的出檐，采用砖雕仿木结构（图3-35），枋、檩、椽、斗栱、垂花应有尽有，耍头都雕成麻叶头，厢栱雕刻草龙，空隙中镶嵌寿桃、暗八仙；垂花正面雕龙头与寿桃，两翼雕拐子纹与盘长纹，寓意福寿绵长；垂花处上下雕刻宝相花，中雕荷叶，最下端为金瓜。砖制檐枋之下间隔饰以砖雕，或为蝙蝠古钱（福在眼前），或为狮子滚绣球，或为琴棋书画。屋檐上是约1米高的封护檐墙。

小高房（图3-36，图3-37）位于正房窑洞之上，北面三间为下巷张氏（文秀—得成支）的祠堂，里面供奉祖上三代的牌位。南面五间为家庙，供奉的是"天王老神"。依照规矩，家庙本应建在祠堂后面，但是由于地势的限制，家庙只能建在祠堂一侧了。祠堂与家庙后有暗窑，将祠堂与家庙串联起来。家庙中两端建有暖阁，明为神仙的寝宫，实际为祭拜繁忙之际看护人员的休息之所。祠堂为三间，檐部雕

图3-38 小高房张氏祠堂斗栱

有五个龙头（图3-38）。家庙为五间，檐下有九个龙头（图3-39），象征九五之尊。斗栱的龙头皆为螭龙，厢栱透雕卷草纹，中间镶嵌石榴、佛手、寿桃、牡丹等寓意吉祥的花卉瓜果。瓜栱透雕拐子纹，龙纹缠绕其间，栱垫板上绘制烟云纹样，赭石色经层层退晕，渐变成淡粉色，色彩细腻。正心檩上或以墨绿色打底绘制缠枝纹，或以墨色为底间隔描绘花卉

图3-39 小高房家庙斗栱

诗文，清新雅致。柱头科斗栱与平身科斗栱在形态上稍有不同，柱头科的龙头连接在挑尖梁头的端头，构件稍厚，易于表现三维形体，平身科的龙头连接在耍头上，稍显单薄。山墙墀头雕刻琴棋书画、鲤鱼跳龙门、狮子滚绣球及宝瓶、牡丹、麒麟、蝙蝠、马、鹿、仙人纹样，其精细程度与正门相比有过之而无不及，体现了对祖先及神明的尊敬。

3. 忠信堂

忠信堂位于长庆堂南侧，二者正房窑洞、倒座连为一体。忠信堂由正院、偏院、饲养院三组院落构成，进深与长庆堂相似。忠信堂正院靠北，偏院居中，饲养院靠南，院落空间呈"工"字形。忠信堂偏院的正窑与南厢之间原有一道过门，连接起偏院和饲养院。正院和饲养院各建一座门楼。

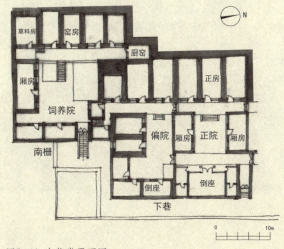

图3-40 忠信堂平面图

山｜西｜古｜村｜镇｜系｜列｜丛｜书

图3-41 忠信堂正院

图3-42 忠信堂正院倒座

图3-43 忠信堂院内过道

图3-44 忠信堂正院檐廊

忠信堂的院落布局和装饰彩画与长庆堂并无太大差异，只在正院（图3-41）正房窑洞前建造了一座单坡歇山式屋顶的檐廊，侧面无山花，两条戗脊向上翘起，檐下布置三攒斗栱，额枋下，檐柱之间透雕挂落，檐柱下为束腰覆盆式柱础石。

檐廊（图3-44）屋顶的重量由梁柱承担，斗栱已经装饰化。角科斗栱四面均设假昂，层层出挑，四角出45°斜栱。上层的三组假昂雕成螭龙形象，下层的一组雕成凤凰纹样。螭是龙的九子之一，可以用来避邪，与凤凰结合，可取龙凤呈祥之意。平身科的厢栱上透雕草龙纹及牡丹花。挂落正心雕以圆形寿字，其余部分透雕二龙戏珠及祥云。正房槅窗雕有五福捧寿纹样。

忠信堂偏院为下人住处及厨房所在，雕刻彩绘均较少，建筑造型也相对简单。偏院南厢为平顶锢窑，西山墙与正房间有楼梯通往窑顶，便于晾晒粮食。院落正中有一座地窖，用于存储粮食和蔬菜。

古时人们出行以骡马作为代步工具，饲养院就是专门为饲养马匹等牲畜而修建的院落。饲养院方正开阔。下巷、院落、正窑台基的高差明显（图3-45）。倒座最北一间为门楼，外间不做出檐，用砖石砌成拱形门洞，内间出檐比较深远，门楼开间接近2米，便于马车出入。这道大门毗邻南栅（图3-46），既可方便主人出行，又不会让车马的噪声影响到宅中的家人。倒座及南厢（锢窑）为饲养者住所，院中没有北厢，取而代之的是一座马厩。五眼窑洞为长工窑，窑内比较高，最南侧的一眼窑洞是草窑，地下是存放草料的地窖。

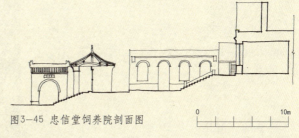

图3-45 忠信堂饲养院剖面图

图3-46 饲养院与南栅

倒座与南厢之间的矮墙上原有一道过门，穿过过门就到了跨院。跨院没有房子，只有两眼窑洞，里面饲养牲畜和家禽。院落已经处于南栅之外，跨院的东院墙呈弧形，墙基就是南栅外的围墙。

4.周边院落

下巷之下的两层院落都是南北向的狭长院落,进深仅为5米,形成"一"字形的院落空间。院落走势因循山势,形成山庄的外轮廓。

打更房(图3-47)是这组院落中唯一一座直接向银元坡开门的院落。打更房及磨房的东墙就是高大厚重的外墙,是守护村庄的第一道防线。院落南端有一座小房,称为瞭望室(图3-49),守院人坐在里面,透过山墙上的小窗就可将山下及村口的情景一览无余。打更房的倒座下还有地窖一层,外人多为不知,从外墙上可以看到气眼。打更房院墙向南延伸与磨房院外墙相连,磨房院平面呈梯形,南侧为三眼大窑,里面放碾子。磨房院与打更房有小门相通,对外并不开门,凭一条坡道与上层长工院相连。学堂院与长工院都是南

图3-47 打更房院落

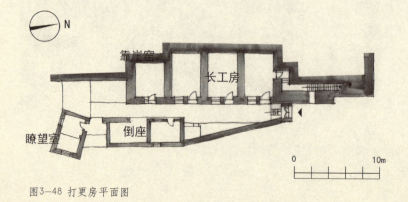

图3-48 打更房平面图

图3-49 打更房瞭望室

| 山 | 西 | 古 | 村 | 镇 | 系 | 列 | 丛 | 书 |

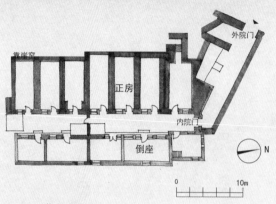

图3-50 学堂院平面图

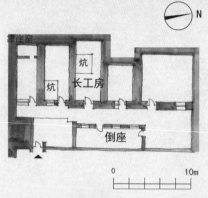

图3-51 长工院平面图

北向狭长的院落，两个院落相邻却不相通，院落之间也没有过门，其原因可能与尊卑等级有关。

学堂院原是张家的私塾，后改为官沟养正小学。学堂院共有两道大门，第一道坐落于北侧，临近北栅，门外即为上山的银元坡。第二道大门位于院落北端，修建于正房与倒座之间，门楼低矮，仅2米

图3-52 学堂院过道

图3-53 学堂院院落

有余，没有装饰。两道大门之间为一条宽约2米，长14米的过道（图3-52），西墙上开有三口小窑，用于堆放杂物，其中一眼作为厕所，窑顶是下巷的通道。学堂院（图3-53）倒座位于下层窑洞之上，是上课的教室。正房的几眼窑洞为先生和学生的宿舍。学堂院除了是张家子孙学习的地方，还另有玄机。最北一间倒座内有一条暗道（图3-55），向下可以通往打更房，最北侧的正房内也有暗道，可以直接通往长庆堂偏院的北厢内，一条暗道将下巷的四层院落联系起来，如果有情况，即使南、北两栅已经关闭，院卫也可通过暗道及时通知主人。

学堂院南侧的院落即为长工院（图3-56），是张家的长工们居住的院落，倒座用于堆

放主人家的杂物，正窑住人，倒座和大部分窑洞都已残破。长工院在东侧开有两门，门前是磨房的屋顶平台，这里较为开阔，地势平坦，曾是张家的打谷场。

图3-54 平定县第五高小分校旧址　　图3-55 学堂院倒座暗道出口

图3-56 长工院正门

图3-57 德庆堂崇本堂院落群远眺

三、德庆堂和崇本堂以及其附属院落群

1. 概述

官沟古村下巷北部分布有德庆堂、崇本堂等两门堂号。该组建筑群始建于张家五世张汉忠时期，具体年月无可考。最初为永和堂，位于现在崇本堂的位置。而后汉忠生四子，遂六世尔字辈将永和堂分成长庆堂（尔彦）、德庆堂（尔杰）、忠信堂（尔彬）和永庆堂

图3-58 德庆堂崇本堂院落群远眺

山｜西｜古｜村｜镇｜系｜列｜丛｜书

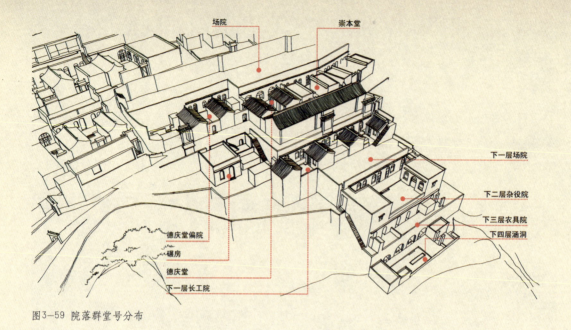

图3-59 院落群堂号分布

（尔华）四个堂号。再至后来，尔华家生三子，其下第七世大字辈将三义堂又分为敦厚堂（大聘）、进修堂（大儒）和崇本堂（大猷），崇本堂即原来的永庆堂。

下巷德庆堂、崇本堂院落群（图3-57，图3-58）坐西朝东，略偏北，沿山势逐层向下，呈阶梯状，共有六层院落（图3-59）。最上为德庆堂打谷场院，第二层为德庆堂崇本堂两堂主院和偏院。下巷以东沿地势向下依次布置为长工院、杂役院、农具院和固基窑洞四层院落。其中德庆堂崇本堂正院和偏院通过下巷道路连通，其附属院落群之间通过山路连通（图3-60）。

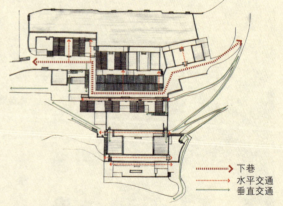

图3-60 德庆堂崇本堂院落群流线示意

德庆堂和崇本堂院落群，除堂号所属院落有高大的倒座外，下层多呈敞院空间，即俗称的"野院子"。它们不同于豪宅大院的规整严格，质朴却饱含山村野趣。当太阳光照射其间，层次分明，充满了转折错落的空间感。

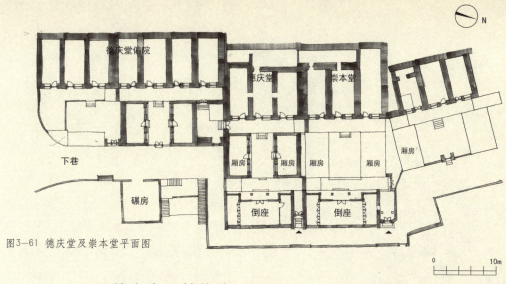

图3-61 德庆堂及崇本堂平面图

2. 德庆堂及其偏院

德庆堂位于下巷北部,崇本堂以南,为三院并置单进院落(图3-61),进深约17米。正院居北,南侧依附两个偏院[1],三院皆有连通下巷的院门,南侧偏院内设一条坡道,可通向晒谷场。偏院和主院之间靠窑前台基相连,但由于偏院较主院退2米有余,故两院之间形成一个较小的缓冲地带,称为过院,此处增设一门。

德庆堂主院为四合院形制,由面东的三眼靠崖砖窑、南北两厢以及倒座组成,院落空间呈"工"字形,布局严整紧凑(图3-62,图3-63)。整个院落空间以倒座前过道地坪最低,西上两级台阶至庭院主体空间,院落宽约3.5米,进深7.5米,从此处上四级台阶即至窑前台基,抵达正房前,地坪逐层升高。

---

[1] 偏院后归长庆堂,为返迁的中义店一支居住。

图3-62 德庆堂主院俯视图

图3-63 德庆堂主院

德庆堂主院大门位于倒座之北，与倒座的屋顶平齐，为屋宇式门楼。门外门内均设影壁，形成丰富的入口空间序列（图3-64）。

德庆堂主院大门为金柱大门，位于倒座北间外金檩之下，建于五步台阶之上。大门的装饰非常精致。外间（图3-65）两侧墙面间架有平板枋，枋中央架一攒五踩斗栱。檐檩、额枋、平板枋、栱垫板上都有木雕纹样并施以彩绘。檐檩上绘有葡萄纹样，檩下有回纹修饰，寓意子孙万代。厢栱上刻夔龙纹样，万栱刻南瓜和蝴蝶，且周围缠绕如意纹，象征瓜瓞绵绵子孙不绝。平板枋上刻有鹿衔草和仙鹤图样，寓意福寿安康，人丁兴旺。

图3-64 德庆堂入口空间序列

图3-65 德庆堂门楼外间斗栱装饰

图3-66 门楼内间斗栱

门楼里间（图3-66）也设平板枋，上架一攒三踩斗栱。檐檩、平板枋装饰以彩画为主。厢栱刻有鲤鱼和莲花，莲花谐音"连发"，比喻连连发财，与鱼结合，意为年年有余，年年发财。万栱雕刻则以拐子龙纹样为主，精致美观。

德庆堂主院正房为三口靠崖窑洞，供家中长者居住，地坪最高。正房立面分为三个层次：上层为封护檐墙，墙上有一石碑，上刻"福星高照"四个大字，周围刻有如意花纹，但毁于"文革"时期；中间部分为砖雕仿木质屋檐，其包含瓦当滴水，飞椽檐椽以及装饰斗栱；下层为正房窑洞的门窗装饰，窗格较为简朴，明间窑洞南设土地龛，北设排烟口。

德庆堂主院厢房为抬梁式砖木建筑，硬山顶，三开间，五檩四架椽，无装饰，为堂中子嗣居所。

德庆堂主院倒座亦为抬梁式木构架砖砌建筑，七檩六架椽，五开间，进深4~5米，当心间和次间合为大厅，稍间用作卧室和杂货存放之所。倒座的功能为待人接客，故其装饰也为院中之最（图3-67）。倒座大厅前设有檐廊，廊阔1米有余。当心间上有隔扇门四扇，门扇和槛窗的窗格间饰有蝙蝠木刻，寓意福寿安康。檐檩、平板枋上绘制彩画，檐檩彩画以梅兰竹菊以及花鸟虫鱼为主，平板枋上以人物故事为主，八仙过海、封神演义中的情节都画在枋上。檐檩下为装饰斗栱，柱头科耍头为麻叶头，厢栱为夔龙

图3-67 德庆堂倒座

图3-68 德庆堂倒座彩画

图3-69 偏院鸟瞰

纹样,坐斗上刻画梅兰竹菊等花类。补间耍头为草龙样式,厢栱为莲花、鲤鱼、凤凰等雕刻,伴以拐子龙或夔龙花纹,寓意年年有余,飞黄腾达(图3-68)。

主院南侧有过院。过院大门为砖砌券拱门,面向东方,沿街而立。

与过院相通的是两个偏院,其布局略显随意。紧邻过院的是偏院中的主院,为三合院形式,由正房窑洞、两厢和院落围墙组成(图3-69)。院落成"T"形,由窑前台基与庭院主体共同组成。台基宽2米,高于院落主体0.8米,院落主体宽约4米,长约6米,方正紧凑。

偏院正房为四眼靠崖窑洞,墙面上的砖砌仿木屋檐保留完好,窗格肌理也仍维持原来的形态。厢房为抬梁式砖木结构硬山顶,三开间,五檩四架椽。墀头装饰简单,稍显粗略,一为骏马回头,寓意马到成功;另一为两品莲花,寓意清新脱俗。

偏院主院有两门,一个位于北面正窑东侧,通向过院,另一个位于窑前台基南部,通向小偏院。

小偏院只有正房四眼窑洞,与偏院主院的正房相连,院内有一坡地与外面坡道相连通向晒谷场,方便长工农作的出入。坡地旁为院门,院门外对应一照壁,与门楼的砖砌飞椽相平齐,做工略显粗糙,纯砖砌筑,只通过砌法的变化而做出瓦当飞椽的层次感。

3. 崇本堂及其北侧院落

崇本堂位于下巷北端,为单进院落,进深约17米。正院与德庆堂毗邻,且形制相仿,由三眼正房窑洞、南北两厢以及倒座组成,院落空间呈"工"字形。其北侧仍有一院,三合形式,由正房窑洞、南北两厢组成,较德庆崇本堂方向略偏北10度。此院与崇本堂并无联系,为张姓另一支张永固居所。两院皆有通向下巷的院门,院间无连接。

崇本堂的门楼位于倒座之北,是官沟门楼中最为考究的一个。相传曾因其垂花门过于精致而被告发越级,幸而崇本堂主人在官府到来之前,先自行将其毁掉,才避免了一场飞来横祸。据传,现存门楼,是官员走后主人重建的,形制和装饰都略逊于之前,但仍非常精美。

门楼分内外两部分,外为砖砌仿木垂花门(图3-70)。其飞椽和檐椽均为砖砌仿木结构,檐下为砖雕斗栱,厢栱饰以拐子龙纹样,万栱为凤,门两侧贴墙有砖刻垂莲柱。其内为木制垂花门,单坡靠门墙,三桁双步架。斗栱坐于平板枋之上,共有三攒,仿三踩重

图3-70 崇本堂门楼

图3-71 崇本堂垂花门

图3-72 垂花门装饰

翘品字斗栱，两旁取向外两踩，中间取三踩。坐斗和栱垫板上均为彩绘。两侧万栱雕夔龙纹，中间刻拐子龙纹，或曲或直，形态各异。两侧厢栱为葫芦叠如意纹，寓意后代延绵，中间雕刻寿桃果盘，寓意吉祥长寿。耍头都为草龙样式。平板枋上雕刻有双凤，寓意才德出众；花板上雕刻有哪吒、二郎神、雷震子等各路神仙，垂莲柱柱头雕饰仰覆莲瓣，柱身穿插随梁，梁头也雕刻夔首（图3-71、图3-72）。

院落内部形制与德庆堂类似，空间也是逐级而上。崇本堂与德庆堂倒座之间原为过门连通，但是新中国成立后土地改革，院落划分给不同人家，故竖起高墙。现在的崇本堂已经破坏得较为严重，两个厢房都被推倒重建，为砖混结构平屋顶。

崇本堂正房之中也有暗窑，暗窑设在北侧窑洞之后，贯穿了三个窑洞的内侧，并与德庆堂的暗窑相通，可堆放杂物。

崇本堂和其北部的院落中间形成三角形地块，设为崇本堂杂院，内置茅房。据说，该院落群的暗道，有一通道直接通向崇本堂杂院所处的三角形院落。应为报信或者逃亡之用。

4. 附属建筑群

下巷以下的部分为长工院、农具院等一些附属院落，共有四层，其归属问题考证如下：德庆堂崇本堂下第一层为长工院，分属两家，其中靠北两个厢房以及三眼窑洞属于崇本堂，较南一侧两个厢房和五眼窑洞属德庆堂。此层以下所有院落皆归崇本堂，但后因子嗣过继关系产权归沙湾进修堂所有。

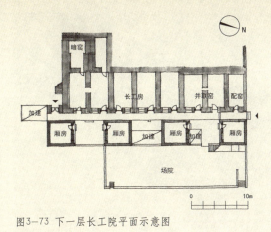

图3-73 下一层长工院平面示意图

下一层长工院有正窑八眼，厢房四座，院落由厢房之间的空地和窑前台基共同组成，共形成三个"T"形院落空间，空间狭小局促，仅够日常起居之用（图3-74）。正房南侧为正门，面向西侧的入口空地，门前有楼梯通向下巷（图3-75，图3-76）；北侧正房窑洞与厢房之间亦开设一门，门外有小路分别通向下巷道路和下层院落。长工院的窑洞中，中间三眼窑洞为正房，两侧分设一进双开窑洞，最北侧有一配窑，既是支撑通向上层建筑通道的基础，也内设暗道通向崇本堂杂院。厢房形制为五檩四架椽，两开间，进深约4米，墀头博风等未做装饰。偏北两院东侧有一个更为开敞的打谷场（图3-77），两边原均各设一抱厦，长4.8米，宽2米，为存放农具之

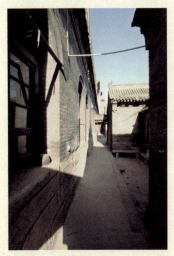

图3-74 窑前台基

图3-75 从正门处望入口庭院

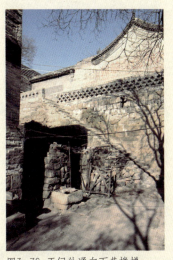

图3-76 正门处通向下巷楼梯

图3-77 下一层场院

用。两抱厦均设台基通向下一层平顶厢房的屋顶，其中北抱厦对应的下层厢房山墙处设有楼梯，可达下层院落，但现在抱厦已毁坏，只留基础。场院处设楼梯，约30步，通向上层的下巷，临下巷街道有一小门楼，作为后门（图3-78）。

下二层杂役院由正窑和两平顶厢房构成（图3-79），院落较大，且开阔（图3-80）。入口设在窑前台基上，两边都可开通，为砖砌拱券门。为了储存更多的杂物，村民现已将其上架起木制横梁，各种杂物满满排放在横梁上（图3-81）。正房共有五眼窑洞，皆无暗窑。厢房为平顶砖木结构，屋顶向院中央倾斜，便于雨天排水。厢房高度与庭院宽的比例是2：3，没有倒座遮挡，视野相对较好，向远处眺望可

图3-78 北厢房通向下巷楼梯

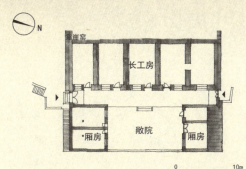

图3-79 下二层杂役院平面图

图3-80 下二层杂役院场景

图3-81 下二层院落台基

望尽山间风景。场院原来可能用于晒谷置物。北厢房山墙处，原有一楼梯通向四层抱厦，但现已拆毁。厢房内有通向下层的暗道，现已封堵。

下三层院落为农具存放之用，只有一排正窑，没有厢房，院落长20米，宽约2米，空间狭长，属于典型的野院子（图3-82）。正房为六眼窑洞，均为一进双开形制。墙面为大石砌筑，从用料上看，此层院落的墙面贴砖并不精细，略显粗犷狂野。院落靠北第一眼窑洞中，有一暗道，通到上层北厢房。院落南外设有一小门楼，毁掉了一半，但是门楼外有通向三层的楼梯，由此看来南侧的门楼才是此层院落原来的正门。

最下一层，原为两眼固基窑洞，现在其南侧又挖了两眼新窑，为一户人居住。

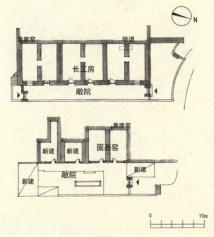

图3-82 下三层农具院及下四层
固基窑洞平面图

四、上巷义和堂及其周边院落

1. 概述

官沟古村上巷分布有义和堂、致和堂、忠和堂、天赐堂、孝友堂等五门堂号，属张氏文秀—得高一支。上巷现存院落的修建时间晚于更北侧的红土野，但较下巷诸院为早，至于具体年代，已无法考证。据村中老人张守铭[1]和张振金回忆，20世纪60年代时，上巷只有义和、致和及孝友三堂，至于忠和堂和天赐堂何时败落，亦无文字记载；但其时两堂宅院主要由孝友堂后人居住，故不妨将义和堂南侧一排院落统称为孝友堂。

上巷诸院分三层布置。最上为义和堂窑顶的大高房，是张氏上巷一支的家庙祠堂，可通至孝友堂院落群的窑顶场院，背靠张氏祖坟；义和堂和孝友堂位于第二层，坐落于巷道以西，依山势成角布置；最下一层为致和堂，位于义和堂的下首，坐落于上巷东侧（图3-83～图3-85）。上巷院落由于修建年代较早，少有繁复的装饰，且曾经历大火和"破四旧"时的打砸，故而院落风貌远不及下巷的精致齐整。

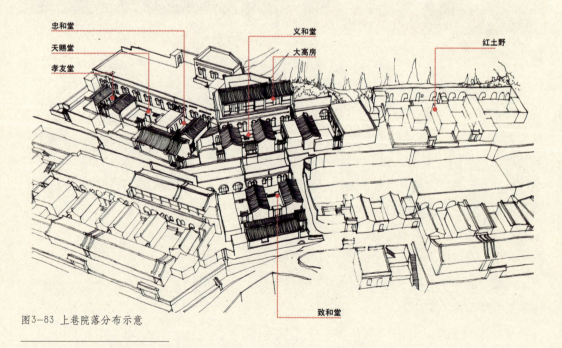

图3-83 上巷院落分布示意

---

1 张守铭，1951年出生，文秀—得高分支，张氏十一世。

图3-84 上巷院落流线示意

图3-85 上巷北端鸟瞰

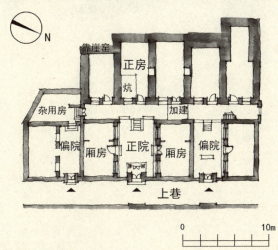

图3-86 义和堂首层平面示意

2. 义和堂及其上大高房

义和堂位于上巷中部，为三院并置的一组单进院落（图3-86），进深约9米。正院居中，南北各有一个偏院，三院皆有连通上巷的院门（图3-87），此外经由北偏院内的石级可以通至大高房。

义和堂主院现由坐西朝东的三眼靠崖砖窑、南北两厢及朝东北的门楼组成，院落空间呈"丁"字形。这种三合院的模式，在官沟全村有堂号的宅院里是个特例。主院同为单进院落的长庆堂与崇本堂则均为带倒座的四合院。义和堂的北偏院，只有两口砖窑和一个北厢，空间较为局促。南偏院更甚，因山势转折，无法保持规整的方形平面。

义和堂主院大门为一道悬山式屋顶的垂花门（图3-88），一间五架，有明显的出檐，位居院落的中轴。门楼外间垂花及挂落因年久日深，皆已毁损。内外檐斗栱皆为三攒出三踩。挑尖梁头均为麻叶头，平身科的耍头则内外檐相同。外檐耍头，东侧（朝外）雕成龙形，口内含珠，线条简洁，西侧仍为麻叶头。坐斗两侧的万栱，外间刻成如意头样式，支撑着上方的屋檩；里间则较简略，柱头科也不加雕饰。两侧的博风板上，悬鱼、乳钉等装饰也一应俱全（图3-89）。

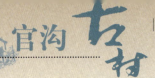

山|西|古|村|镇|系|列|丛|书

图3-87 义和堂各院门楼

图3-88 义和堂主院门楼

图3-89 义和堂垂花门楼细部

  垂花门外有影壁，里间也有两扇屏门，旧时，非红白喜事或重要的活动，这两扇屏门不轻易开启，来人也只从两旁入院。

  义和堂主院空间并不大，宽不足5米（图3-90）。院中设有甬路，正对中间的一口明窑，靠窗有炕。整个主院的装饰极为简单，排烟口雕成桃形，厢房墀头也只在转角处雕刻竹节，样式朴实无华。

  义和堂的南偏院位于上巷山体转折之处，基址本不规则，但通过周边建筑的围合，仍是营造出了一个狭长却方整的小院。从上巷进入南侧偏门，穿过小偏院，由三级台阶，到一单坡屋顶的小房，再右折，上三级台阶，即是正院窑前的台基，至此，豁然开朗。南偏院的空间虽小，但流线中，有着丰富的明暗变化。如今，这个小院已经废弃，只剩了些残垣断壁（图

庭院鸟瞰

窑前台基

图3-90 义和堂正院

图3-91 南偏院现状

图3-92 义和堂北偏院

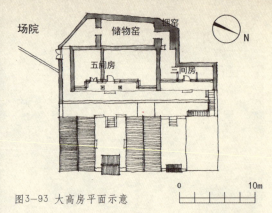

图3-93 大高房平面示意

图3-94 大高房全景

3-91）。

　　北偏院宽不足4米（图3-92），院落铺地墁条砖，除两眼正窑外，仅有一个北厢，有独立的外门，门外影壁壁身较矮，其用砖也较别处为小。北偏院门内也设影壁，但毁于"文革"。

　　大高房（图3-93、图3-94）为张氏上巷一支祭祖供神的场所，由两座硬山顶的砖木建筑组成，屋顶各自独立。这两座建筑分别对

图3-95 北侧三间房檐下斗栱装饰一览

88

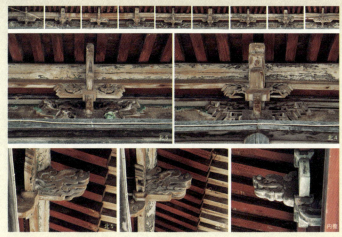
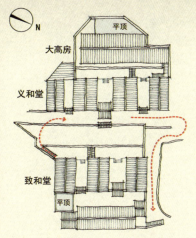

图3-96 南侧五间房檐下斗栱装饰一览　　　　　　　图3-97 义和堂与致和堂复原图

应下方义和堂一偏一正两个院子，北侧三间祭祖，南侧五间供神，为张氏上巷一支的祠堂（图3-95、图3-96）。其后靠崖建有砖拱锢窑，作为储藏用房。比较独特的是，北侧的三间房实际为单坡建筑，但在周边高高的墙垣的遮挡下，其立面的观感，与南侧的五间并无二致。

大高房南端有一窄巷，可经此绕至房后的窑洞，或者，上至外侧场院。场院即为上巷义和堂南侧诸院的窑顶，有下行的梯道。此间有三眼供居住的砖窑。场院西南也有一道拱门，出门北绕即是张家祖坟，旧有牌坊和石碑，但"文革"时已悉数毁了。

垂花门楼通常作为四合院的二门（内院门）使用，在义和堂却成了正院大门。据此，不难推测，早先的义和堂应该不只目前的一进。村中有一种说法，认为致和堂旧属上巷义和堂的下院（图3-97）。根据现居致和堂的张守铭老人回忆，堂内偏院原有楼梯通至窑顶，而窑顶恰在义和堂的宅前。这院落从属之说，目前虽已无文字记录可以考证，但从义和堂与致和堂的空间格局来看，二者早年很可能曾为一体。

3. 义和堂的下院——致和堂

致和堂坐落于上下巷之间的坡地上（图3-99），由两个院落组成，进深达17米多，正院靠北，临近巷道，靠南的偏院供长工居住，与长庆堂毗临，亦是在山势转折之处，故而平面也不方整。两院共享一个狭长的外院，形成并列式的二进院落。

山｜西｜古｜村｜镇｜系｜列｜丛｜书

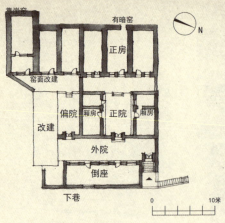

图3-98 致和堂平面示意　　　　图3-99 陡坡上的致和堂入口

致和堂的大门并不附属于外院倒座，简单朴实，门罩用青砖砌筑，上覆筒瓦，檐口也只仿出木构的椽檩。门外设7级台阶，连接着一块2米见方的平台，作为入口的缓冲，平台再向下设台阶，通至下巷，以此巧妙地处理了山地建筑入口的高差问题。

外院宽仅3.5米，墁条砖，以坐东的一排5间倒座为主。倒座梁头上雕"寿"字（图3-100），墀头上浅雕一对菊花。倒座南端附耳房，进深略浅，耳房前面，是一所坐南朝北的平顶砖房，为

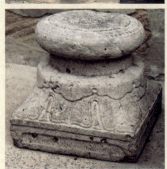

图3-100 致和堂倒座梁头圆"寿"字　　　图3-101 致和堂正院二门

图3-102 致和堂正院

近年改建。

致和堂的正院二门原本类同义和堂门楼，亦为垂花带闪屏门，但早已被毁，如今只留有朝外的砖砌立面（图3-101）。立面上的装饰也大多剥落，只留下了如意卷云形态的砖雕万栱和一个垂莲柱，柱头上倒挂的是圆润饱满的寿桃。现在，院内还留有垂花门内檐屏门两侧的一对柱础石，人们将

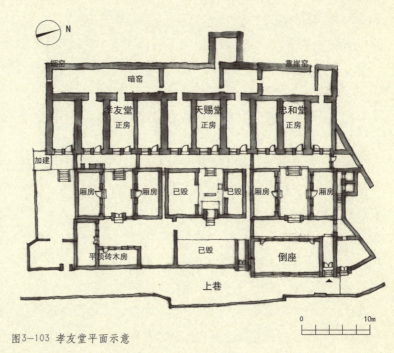

图3-103 孝友堂平面示意

其置于窑前，当作矮凳，配上一个石头棋桌，高矮合宜，算得"物尽其用"了。门楼北侧山墙上，也曾有土地龛。

由于地形限制，正院并不是很宽阔，约4米宽，7米长，且几经易主，有过一些加建，空间便更显狭小（图3-102）。厢房的墀头只作镜框式收束，不施雕饰。厢房梁头上亦有圆"寿"字的彩绘，但枋上的图画已完全剥落。正院的北厢仍为居室，南厢作厨房使用。

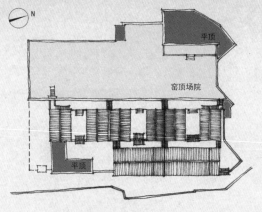

图3-104 孝友堂宅院复原图

致和堂正院台基比义和堂稍宽，但其上的三眼窑洞开间都比义和堂的小些。窑面封护檐墙上砌有十字花砖，居中本有砖刻的"吉星高照"匾额，可惜也毁于"文革"。通往南侧跨院的过门，现也已封堵。

由于山地地形的限制，致和堂偏院空间狭长，平面也不再规整，窑面与小高房后墙呈约30度的夹角，在用地紧张的官沟村，这怕是不得已而为之的节约了。但在使用功能上，并没有太大的妨碍。偏院内旧时有石梯可达窑顶，现已不存。

偏院亦有三口窑洞，但近年对立面进行了修缮，遂改单窑双孔为单窑单孔，即窑面只发一个大券，门窗合置，券拱跨度约2米。跨院内的后厢房也因年久坍塌，后改建为平顶房屋。

4. 义和堂南侧诸院——孝友堂

孝友堂位于大高房南侧场院之下，一排十口窑，并列分出四个院落，惜损坏严重，孝友堂是官沟张氏较早建设的宅院群（图3-103，图3-104）。其并列式的布局同样源于山地地形的限制，但此处同义和堂相比，用地还稍稍宽裕，故而得以建成二进院落。第一进为很浅的外院，仅设倒座，倒座最北的一间为门楼；经由院落轴线上的二门，便进入较为方整的内院了，有左右厢房并正房窑洞；正房窑后附设暗窑，依次相通。

如今位于最北侧的二进院相对独立（现称忠和堂），进深达17米，有三口窑洞，同义和堂的南偏院毗邻。中间两组二进院形制稍低，进深略浅，亦各有三口窑洞；其中靠北的院子（天赐堂）除三眼砖窑外，其余如两厢、二门、倒座等均在抗日战争时期被焚毁，现

图3-105 忠和堂外院　　　　　图3-106 忠和堂内院

已辟为烈士张梅林的纪念馆；靠南的院子（孝友堂）外进倒座为平顶砖房。而第四个"院子"，仅一口窑洞，外加东、南两堵院墙。

忠和堂的门楼设在上巷山体转折之处，门楼为倒座的一间，其门外影壁随墙而设。门楼上的装饰，现仅存一个麻叶头式的耍头，但并不居于额枋正中，甚至连门外影壁，也没有与门楼对正。这一处的诸多"错误"，正印证了院落的变迁与沧桑。门楼空间虽不如下巷长庆堂的高大，但所要营造的那种封闭感亦很强烈。

忠和堂主院的外进空间狭长，宽度略大于2米，只有坐东的倒座（图3-105）。院子中轴有通往内院的屏门；两端亦各有过门，一个通往北侧的不规则狭院，另一个原通向偏院，但早年已砌成实墙封堵。其内院宽4米，长7米，明间窑房原有出挑的檐廊，现在只能依稀辨认出窑面砖木构件之间的接痕（图3-106）。

图3-107 偏院外进实景

图3-108 天赐堂内院

天赐堂和孝友堂现共享一个正门，两堂原各有三口砖窑，新中国成立后分配院落时将孝友堂北边的一口窑洞划给了天赐堂，并砌照壁墙分隔，始成四二分的格局。但这两个院子亦有暗窑相连通，实际上还是隔而不断的。

天赐堂（图3-108）的二门亦为垂花带闪屏门，但已随两厢焚毁（现存的二门为补建），所幸留有内檐柱础下的基石，如今才能依此作出推断。南偏院保存得较为完好，外院有两个砖木平房，成"L"形排列（图3-109）。类同下巷最南端的饲养院。砖木房东墙上设有一排四个栓马石，旧时，上巷车马经由大道绕至上巷南端，便暂栓于此。

孝友堂内院形制与别处无二，窑前靠南侧有石级可通向窑顶场院。

图3-109 外院L形砖木房

5. 张士荣父子旧居及红土堰

上巷义和堂北侧还有一个小院，除靠崖的两口土窑外还有坐北朝南的三口锢窑（图3-110、图3-111），并南边一座双坡硬山屋顶的厢房，院落构成简单。这个偏院，曾为张士荣父子所有[1]。自此再往北，即是村民口中所称的红土堰，那里仍留有一排靠崖的土窑（图3-112、图3-113），见证着官沟古村的历史变迁。

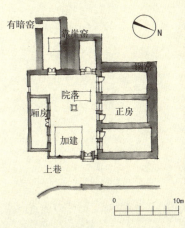

图3-110 张士荣父子宅平面示意

图3-111 张士荣父子旧居靠崖窑

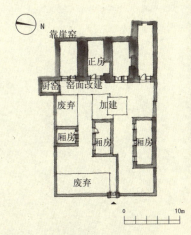

图3-112 红土堰某窑院平面示意

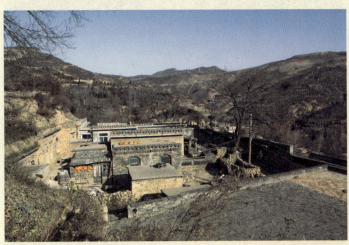

图3-113 红土野鸟瞰

---

1 文秀—得高分支十三世。

五、沙湾双喜院建筑群

1. 概述

双喜院（图3-114，图3-115）位于沙湾村自然村，东临官沟河，分布有进修堂和敦厚堂两个堂号，属于张氏文秀一得成一支。道光年间，永庆堂下支修建此院。院落布局巧妙，平面神似中国传统"囍"字，故取名双喜院（图3-116）。但是，由于历史原因[1]，进修堂并未修筑完全，"囍"字也不得完整，非常可惜。

双喜院坐西朝东，其中敦厚堂与进修堂南北并列放置。由于修建时有意对场地进行过规划，所以双喜院主要建筑都在平地上展开（图3-117），没有太多地形高差变化，故这里的建筑风格与张家大院差别较大。双喜院现存建筑风貌较差，历史建筑大都在"文革"时期遭到破坏，而且院落中新建、改建的房屋改变了原有的空间格局。

---

1 据张承铸老人描述，当时主人运送银两回家，途中遭遇不测，主人丧命，钱财尽失，故进修堂未按照计划修建。

图3-114 双喜院北端鸟瞰

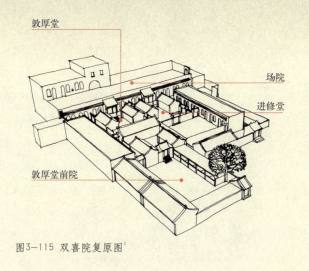

图3-115 双喜院复原图[1]

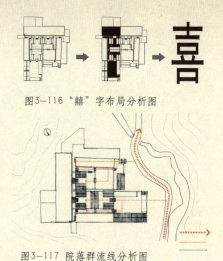

图3-116 "囍"字布局分析图

图3-117 院落群流线分析图

2. 敦厚堂

敦厚堂位于双喜院南部,共三进院落,进深达60米(图3-118)。这三进院落分布在一条东西向轴线上,由东至西依次为前院、正院、场院,其中正院分为上院和下院两进,偏院紧邻正院南端(图3-119)。

前院由倒座房、门楼、围房组成(图3-120)。院落东西长21米,南北长13米,场地十分开阔,但后来这里加建了大量房屋,院落原始的空间被极大破坏。历史建筑中,现只存南侧部分围房。围房分为上五间和下五间,为硬山式坡屋顶结构,用作杂物间和长工

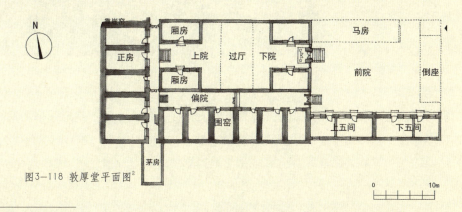

图3-118 敦厚堂平面图[2]

---
1 本图根据敦厚堂后人张承铭、张承铸两位老人的口述和现存历史建筑绘制,复原其落成时的面貌。
2 图中前院马房有争议,现无考。

图3-119 敦厚堂鸟瞰

房,所以等级较低,装饰较少。前院场地开阔,与莱山张家大院形成鲜明对比,这可能有两个原因:其一,敦厚堂选址是经过精心筹划,整个院落坐落于地势平坦之处,为院落营造空间提供了有利条件;其二,相传,前院马厩房中曾饲养大量马匹,开阔的空间为马匹车辆进出院落提供场所。

正院中间有一座坡屋顶房屋,俗称过厅[1],将院落分为分上院和下院。上院由正房窑洞、南北厢房和过厅组成(图3-121)。正房窑洞为一明两暗,位于八级台阶之上,中间

正窑前有檐廊（图3-122），形制与忠信堂相同。檐廊南北两侧各有矮墙过门，北边通往进修堂正院，南边通往敦厚堂偏院。院内空间呈"上"形，宽5米，尺度宜人。下院由垂花门、南北厢房组成。垂花门落于七级台阶之上，内设两扇屏门，严格界定了正院与前院的等级。门楼装饰精美，门柱石左边雕刻喜鹊和梅花，右边雕刻瑞鹿衔草，寓意吉祥。下院

---

1 过厅已毁，遗址中仅有基础可辨认。

图3-120 敦厚堂前院

图3-121 敦厚堂正院

空间呈"T"形,宽5米,与上院相对。

偏院由正房窑洞、南侧锢窑以及正院厢房南墙围合而成。同正院一样,偏院设过门将院落上下分开,院宽2米。正窑两眼,一明一暗,窑洞前有台基,台南有一个门洞和一部石梯。门洞通往偏院茅房,内设涵洞,可排除污水和雨季山上来的洪水;石梯通往锢窑

图3-122 敦厚堂檐廊

图3-123 敦厚堂后院

窑顶,继而可达正房窑顶。偏院南侧锢窑有六眼,被过门分为上三窑和下三窑,它们在地基处略有高差,但在屋顶取齐使整个窑洞连为整体。

敦厚堂场院位于正房窑洞上方,西边有石窑三眼和两层锢窑一座(图3-123),是当年主人的磨房和杂物房,整个院子场地平整,南北长23米,东西宽11米,用于晾晒粮食,这样的布局充分体现了张氏农商兼备的特点。

3. 进修堂

进修堂与敦厚堂相比,缺少正院过厅,西侧两个厢房和垂花门(图3-124)。为使整个院落更加紧凑,进修堂前院的倒座房和大门都向西偏移,因此进修堂进深比敦厚堂短,为40米。进修堂院落分布与敦厚堂相对,正院靠西,偏院靠北。故由东向西依次为前院、正院和偏院,偏院以北设有一座花园。

前院仅有倒座房和门楼(图3-125),可见当时修建的匆忙程度。门楼为双坡硬山独立式,宽约2米,门楣上写"福禄寿"三个大字。门楼位于三级台阶之上,台阶的踏面向下倾斜,使得台阶兼具坡道

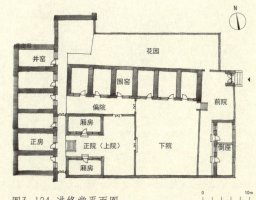
图3-124 进修堂平面图

图3-125 进修堂大门

的用途。前院东有三间硬山马厩，高度略低于门楼。

花园位于前院东北处，入口设在门楼东侧，院内有几颗花椒树和一条排水沟渠，因长时间无人打理，现已十分破败。

正院也分为上院和下院，上下院之间用一道矮墙隔开。上院（图3-126）由正房窑洞和南北厢房构成；下院仅有三眼锢窑，显得十分松散。正房有三眼窑洞，一明两暗，中间正窑前有檐廊，布局与敦厚堂完全一致。正房窑洞多年失修，现仅有一眼有人居住，房屋质量欠佳，但门窗装饰保持完好，窑面墙上土地龛已毁（图3-127，图3-128）。

偏院由西侧三眼窑洞和北侧三眼锢窑组成，通过两个过门与正院连接。偏院正房最北侧的窑洞里有一口水井，为整个双喜院提供生活水源，因采矿破坏地下水的存在条件，水井已经干涸。偏院台基北侧有石梯一座，通往锢窑屋顶。屋顶略向北倾斜，屋面与两个石制排水管相连，伸出屋面约1米，妥善解决了平屋顶的排水问题。

图3-126 进修堂正院

图3-127 房檐下斗栱装饰细部

图3-128 厢房彩绘

[第4章]

官沟古村的装饰艺术
ZHUANGSHI YISHU

官沟古村的装饰构件种类繁多，做工细致，根据所用材料的不同主要可分为石雕、砖雕、木雕、铁艺四大门类，集中在檐部、大门、墙基等处。装饰形式自由，内容丰富，既有花卉蔬果、祥鸟瑞兽，也有文字器物。这些素材或独立构图，或相互搭配，表达了美好的寓意和深刻的内涵，也体现出独特的地域特色和晋商文化内涵。

1. 墀头

官沟村的墀头雕饰主要集中在建宅较晚的下巷诸院，多位于盘头以下的上身端部，或简或繁，高四至十二皮砖不等。

下巷长庆堂门楼外间的墀头砖雕高九皮砖，主体部分用如意头作画框，正面为三只嬉笑打闹的狮子，憨态可掬，转角处雕竹节，两侧又分别装点菊花、佛手、牡丹等草木花卉（图4-1）。整组图案寓意"事（狮）事如意"，其中构成画面主体的两只狮子被巧妙地安置在一个圆里，周边环绕的祥云中还隐约藏着第三只狮子，构思精巧。主体下方采用须弥座，上枋与束腰素面，上下枭饰花瓣，下枋与圭角形似几凳，雕成象首模样，几腿之间饰拐子龙。象是瑞兽，此处亦代表着美好景象。

长庆堂门楼里间的墀头较外间更为精致，三段雕饰疏密有致（图4-2）。上部以透雕而成的蝙蝠祥云作画框，里面布置精巧的高浮雕。正面是三只形态各异的山羊，取三阳开泰的吉寓，画中还有梅花、山石与家禽。墀头侧面的雕刻内容则较为简单，有寓意一品清廉

图4-1 长庆堂门楼外间墀头

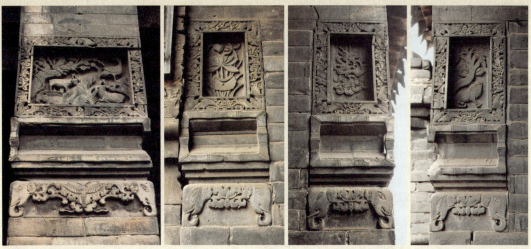

图4-2 长庆堂门楼里间墀头

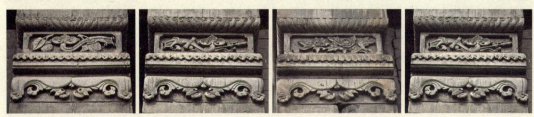

图4-3 德庆堂门楼及倒座外间墀头

（青莲）的荷花，腾于卷云之上的青龙，以及"鸡犬相闻"的图景。小小的一方天地，既寓意吉祥，又渗透着浓郁的生活气息。墀头中部用刚硬的竹节作框，束腰素面；下部三层叠涩之后，亦是象首形象的四脚几座，正面象首之间还有一只华丽硕大的蝴蝶，图案的组合流畅饱满。

德庆堂外间墀头（图4-3）雕饰的形式类同长庆堂，只是略去了侧面的几座图案。中间门楼墀头上的砖雕以如意为主体，辅以柿子与画戟，寓意事事如意与吉祥如意。两侧为海马流云与代表长寿的菊花纹饰。

位于长庆堂上部的小高房，作为下巷一支的家庙祠堂，其墀头也是三段构成，装饰等级自然也较高，雕刻的内容也最丰富（图4-4）。只是，墀头上透雕回文的画框，已全部剥损，十分可惜。

小高房墀头雕刻"鲤鱼跃龙门"、"双狮滚绣球"和"福禄寿喜"等，构图饱满细腻。"鲤鱼跃龙门"一例以"龙门"牌楼为主体，采用对称式构图。鱼龙分列两侧，周身

山｜西｜古｜村｜镇｜系｜列｜丛｜书

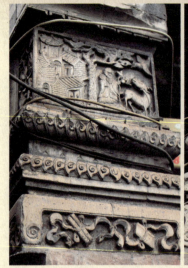

图4-4 小高房墀头

鳞片清晰，皆半身在水，头顶祥云，其盼子成龙的寓意不明自白。"双狮滚绣球"一例，也采用对称构图，居中绣球透雕，精致圆满。两侧双狮英武，鬃毛齐顺，充满喜气而又含祈福驱邪之意。第三例墀头上，当中一棵古松，松上有喜鹊，树下居右是寿翁仙鹿，左侧是层层叠叠的房屋亭台，建筑形式一如官沟本地，寄托了主人对家宅安康、子孙福寿厚禄的期盼。

砖雕的中间部分做束腰处理，简洁雅致，束腰的上下枭由如意头作框；三层叠涩之下为几凳式底座，底座上雕了些小幅的器物、瓜果与祥瑞。正面雕有如意号角、琴棋书画，这些物件均卷缠绶带，简洁大气，表达了主人承望子孙诗礼传家的心愿。

墀头侧面装饰内容亦多种多样，有福从天降、海马流云；有插着拂尘、如意、树枝与戟磬的宝瓶；还有长寿菊、并蒂莲。底座侧面为寓意三多[1]的石榴、佛手、蟠桃，还有倒挂的蝙蝠、瓜蔓等等（图4-5）。

大高房的墀头砖雕没有小高房那样的复杂结构，不设基座与束腰，只在简单的四皮砖内精细雕琢。墀头正面装点祥瑞器物，如夔龙、戟磬与如意。侧面则是象征福寿与多子的小幅图案（图4-6）。大高房的装饰简单，主要因其修建年代较早。

---

[1] 即多子、多福、多寿。

此外，沙湾双喜院还有几处墀头砖雕也很精彩，皆以动物形象为主体装饰，多为狮子山羊，墀头画框饰卷草，几座两腿间雕夔龙，刀法娴熟（图4-7）。

图4-5 小高房墀头底座的瓜蔓与佛手

2. 墙基石

山墙底部的墙基石，亦承载了官沟村丰富的装饰文化。在长庆堂、德庆堂及双喜院等处，都有十分精美的墙基石浮雕。

图4-6 大高房墀头侧面纹样

长庆堂门楼外间的一对墙基石（图4-8），采用三段式构图，高1.49米，宽0.48米，高宽比接近3∶1，显得细长俊秀。上部雕刻简单的松石图案，"松"为百木之长，长青不

图4-7 进修堂内院厢房墀头

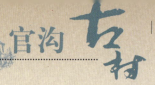

| 山 | 西 | 古 | 村 | 镇 | 系 | 列 | 丛 | 书 |

图4-8 长庆堂门楼外间墙基石

朽，石，乃南山寿石。基石下面的浅浮雕则略显繁复，窄窄的一块方石上，有孔雀、牡丹、葡萄、喜鹊、兰草等等，线枋子四周还雕了一圈延绵不断的瓜蔓。孔雀为"九德文明"鸟[1]，牡丹是富贵花，此处孔雀回头看牡丹，寓意"富贵文明"；葡萄成串，瓜蔓延绵，更有"多子多福"的祈愿。富贵文明又多子多福，自然也就"喜"上眉梢了。

---

1 九德即忠、信、敬、刚、柔、和、固、顺、贞。

图4-9 德庆堂南侧偏院墙基石　　　　　　图4-10 敦厚堂正院二门墙基石

　　德庆堂正院墙基石同长庆堂的大小相仿，只是简单许多，其下幅素心，线枋子四周也没有雕饰。德庆堂南侧偏院墙基石的尺寸则略小，比例上也稍矮胖（图4-9）。上部雕刻舒展的蝴蝶菊花纹，下幅则为鹭鸶、莲花及芦苇所组成的"一路连科"，另一侧则为牡丹与绶带鸟，寓意富贵长寿。"鹭"与"路"同音，一只鹭鸟即为"一路"；"莲"与"连"同音，芦苇生长，常是棵棵连成一片，故取意"连科"，即喻参加科举考试，连续考中，仕途顺遂。绶带鸟[1]取的则是"绶"与"寿"的谐音。

　　敦厚堂正院二门的墙基石也装饰得颇为细致（图4-10）。上部均为喜鹊登梅（喜上眉梢）的吉祥图样。主体部分，一幅雕刻青松仙鹤，另一幅是麋鹿青桐，画中还各自点缀兰草、寿石与舒展的卷云；线枋子四周装饰简洁的拐子龙。青松仙鹤，有"松鹤延年"的吉寓；黄石，代表长寿；"鹿"，是"禄"的谐音；梧桐代表吉祥与喜庆，正合了"家有梧桐招凤凰"的美言。此外，左右基石图样相合，又是"鹤鹿同（梧桐）春"、"六（鹿）合（鹤）通（桐）顺（松）"，构思精巧。此处雕饰中的卷云流畅舒展，一派祥和；松枝遒劲，梧桐叶茂；仙鹤一独立、一翩跹；麋鹿一傲立一静卧，鹿身点缀精巧的梅花，雄鹿口叼如意，极尽祥和。

---

1 绶带鸟即练鹊。雄的有羽冠，尾部有两根长羽毛。头部黑色发蓝光，背部深褐色，腹部白色，非常入画。

图4-11 忠信堂门楼墙基石

忠信堂门楼的墙基石（图4-11），相对要简洁很多，没有讲究的三段式构图，线枋子内嵌了一个圆"寿"字和五只蝙蝠，组成"五福捧寿"[1]的纹样。

官沟村内还有些墙基石，非常简洁，下幅素心，只有线枋子，也偶有在线枋子四周饰拐子龙的；更有些只用一块黄石，仅起保护墙体的功用。

3. 博风

博风板原为木构件，用于硬山顶的建筑中，可以保护屋檩不受雨雪侵蚀。官沟古村的建筑多是砖木结构，建筑的山墙用砖石封闭，檩头已经得到了很好的保护，但人们还是在山墙上用砖砌出"人"字线脚，模仿博风的样子，并且借题发挥，在博风头上创造出多种多样的精美雕刻。

官沟古村的博风雕刻简约，但种类繁多，在形制完全相同的两座建筑上，博风的雕刻也往往不同，甚至在同一座建筑上，山墙两端的博风也会采用不同的纹样。

博风纹样的素材主要有寿桃（图4-12）、石榴（图4-13）、蝙蝠（图4-14）、太极（图4-15）、祥云（图4-16）、卷草、夔龙、佛手、向日葵、宝相花和牡丹等。博风雕刻最丰富的是长庆堂，门楼外间的博风上雕刻着石榴纹样（图4-13），石榴树上硕果累累，

图4-12 寿桃博风

图4-13 石榴博风

图4-14 蝙蝠博风

图4-15 太极博风

---

[1]《书·洪范》云："五福：一曰寿，二曰富，三曰康宁，四曰攸好德，五曰考终命。"攸好德，意思是所好者德；考终命即指善终不横夭。"五福捧寿"寓意多福多寿。

图4-16 祥云纹样　　　　图4-17 卷草纹样　　　　4-18 菊花纹样

　　四个饱满的大石榴压弯了枝条，画面布局饱满，充实而不繁冗，表达了主人期盼多子多福的美好愿望。卷草纹（图4-17）是传统装饰中常用的纹样。卷草是藤本植物，与其他的藤本植物一样，都有着子孙绵延的寓意。

　　菊花，俗称万寿菊，也是象征长寿的吉祥花卉。在官沟古村的装饰构件中，菊花纹样（图4-18）比比皆是。

4. 屋脊装饰

　　官沟古村的大部分建筑没有屋脊装饰（图4-19），少有的几例主要集中在忠信堂与德庆堂两座大院，这种情况与主人家的经济实力有关。屋顶的装饰镶嵌在正脊与垂脊上，一些照壁的正脊上也有装饰。脊饰纹样的主题较为单一，主要是莲与牡丹。莲又称"芙蓉"、"蓉花"，与"荣华"谐音。牡丹是富贵花。牡丹与莲放在一起象征荣华富贵。这些纹样或以缠枝纹连缀起来，或者为单一纹案的重复。

5. 窗格

　　官沟古村的窗格（图4-20）样式比较统一，多为书条式，少数为箭三码式和棋格式。忠信堂正房窑洞的辋窗上雕有五福捧寿纹样，辋窗中央雕有圆形寿字花结，五只蝙蝠呈梅花状围绕在寿字花结周围，蝙蝠的"蝠"与"福"谐音，五福捧寿寓意多福多寿。

山｜西｜古｜村｜镇｜系｜列｜丛｜书

图4-19 屋脊装饰

图4-20 窗格

相比窗格样式的统一，色垫及花节则较为多样。其中以长庆堂、忠信堂、德庆堂、崇本堂的门窗装饰最为精美，色垫造型多样，卷草纹、莲花纹、蝙蝠、夔龙、草龙、拐子龙、回纹、蝴蝶、牡丹比比皆是。崇本堂倒座门窗的色垫（图4-21）为两只互相缠绕的夔龙，双龙面对面，身体呈"S"形，胸部、尾部交叉缠绕，龙爪向外伸出，支撑身体，造型端庄稳定，

图4-21 崇本堂色垫

线条流畅，两条龙身体交叉处交代得清晰明了，龙尾处已经非常纤细，足见匠人刀法之精炼。德庆堂倒座暖阁中部色垫为蝙蝠纹样，两只飞舞的蝙蝠围绕着一个灯笼，中间三间窗格正中雕刻草龙色垫，上下两端雕刻拐子纹色垫。

在正房窑洞和倒座的门窗外侧往往安装一组门帘框，门帘框也是用木材制成的，用于安装门帘与风门，其细节处多施以精细的雕刻。门帘框在官沟古村并不常见，在此不作更多描述。

6. 门墩

门枕石是用于中国传统民居的大门底部，起支撑门框、门轴作用的石质构件。其门外部分称为门墩，主要有箱形和抱鼓形（抱鼓石）两种。门墩是门楼中比较有特色的组成部件，往往是装饰的重点。官沟古村的门枕石，装饰也相当精美，但因为"文革""破四旧"时的打砸，毁坏了大半，所幸如今还有遗迹可循。如德庆堂、忠信堂、长庆堂和进修堂的门墩石鼓虽已毁坏，但底部石座的雕刻纹样还很完整。

长庆堂门楼的抱鼓石是官沟古村中最大的一例，雕饰线条流畅（图4-22）其基座一侧为海马流云，一侧为犀牛望月。犀牛与海马，为清朝武官官服补子上的瑞兽图案，代表了官位品级[1]，寄托了宅主人对仕途经济的追求。回首远眺的骏马，前蹄凌空，立于海上，生动形象，自有一种天马行空，志在千里的气势。"犀牛望月"又名"吴牛喘月"，吴地的

图4-22 长庆堂门楼抱鼓石

---

1 武官七品与八品为犀牛，九品为海马。

图4-23 德庆堂门墩

水牛误把月亮当成太阳,以为烈日当空,汗水蒸腾,喘息不止,在此,还有讽诫后人要谨小慎行的含义。

下巷北栅外德庆堂门墩的雕刻内容是官沟村最为丰富的(图4-23)。门楼左侧的门墩石座雕了绶带、宝瓶和古琴,宝瓶内插着三根戟并一磬一拂尘,寓意吉庆与平升三级;右侧雕刻绶带、宝瓶和画卷,宝瓶内是孔雀翎和如意树,象征吉祥、清净、财运与平安如意。这对宝瓶造型匀称,周围缠绕的飘带线条柔美。石座的内侧均雕饰兰草,清新雅致;残存的鼓垫上则装饰"连绵不绝"万字纹(卍),精巧华丽。

上巷义和堂的垂花门两侧立的是箱形的门墩,其上浅雕了秋菊、牡丹、青莲等花卉的纹样,虽然略显模糊,但岁月的涤荡更增添了个中的儒雅(图4-24)。

双喜院、敦厚堂也采用的是箱形门墩,只是仅正面雕刻纹样。敦厚堂偏院门墩雕"出水芙蓉"图样,花型匀称,荷叶舒展,水纹流畅,手法简洁有致(图4-25)。进修堂大门门墩纹样则复杂很多(图4-26),山石兰草之上或刻喜鹊红梅以寓喜上眉梢,好事不断;或刻彩蝶黄菊以祈长寿多吉[1]。这些箱型门墩顶部,都曾有镇宅的小瑞兽,现皆毁坏。

村中还有些门楼仅有形制较低的正方形小门墩,但也刻有别致的纹样,如宝相花(图4-27)、柿子、菊花等等。

图4-24 义和堂垂花门外间门墩及纹样

---

[1] 吉,谐音"菊"。

图4-25 敦厚堂二门门墩

图4-26 进修堂大门门墩

图4-27 宝相花小门墩

图4-28 四边形铺首举例

7. 铺首

官沟古村的铺首样式十分简洁，整体平面多为菱形，四角用如意头做装饰；中心凸起为半球形，设穿钉挂门环。长庆堂（含学堂院）、德庆堂、崇本堂、忠和堂及致和堂大门的铺首均为此类，但大小比例各自不同（图4-28）。其中，长庆堂的铺首（图4-29）最为精致，除四角的如意外，四边还有倒挂的蝙蝠，纹样采用阴刻，下端的门铁也十分细致，寄托了宅主人祈求如意福寿的美好心愿（图4-30）。

8. 影壁

影壁是传统民居入口空间必不可少的构筑。门外的影壁，强调了门前场地的归属感，和门内的影壁或厢房山墙一起，构成相

图4-29 长庆堂铺首　　　　　图4-30 长庆堂门铁

图4-31 长庆堂座山影壁基座

对封闭的入口空间，保障了宅院的私密宜居性。官沟村的影壁形式大体一致，平面皆呈"一"字形。其中，上巷影壁随巷墙而建，下巷则多为独立式。

下巷的独立影壁壁顶多为悬山形式，覆筒瓦，屋脊有高浮雕的牡丹花饰，两端坐有望兽，檐下或仅做叠涩，或雕刻有仿木构的装饰；壁心为硬心，以方砖拼砌斜格形成龟背纹，现存盒子与岔角[1]上有装饰的实例都为后时重建[2]；壁座的造型也多较简单，以黄石为基，偶也有采用须弥座的。长庆堂院内座山影壁的须弥基座保存得较为完整（图4-31），拐子龙纹的几座中安置着三朵繁茂的牡丹，枝叶卷缠，连绵不断，寓意"富贵不到头"。

忠信堂院内的座山影壁也保存得较好（图4-32），厢栱上施高浮雕的"三多"纹饰，雕有麻叶头，壁心也是方砖斜砌。

---

1 影壁壁心的中部装饰俗称盒子，壁心四角装饰俗称岔角。
2 壁心盒子与岔角的装饰，因其景致复杂，是"文革"时破坏的重点。

图4-32 忠信堂院内座山影壁　　图4-33 德庆堂门楼外影壁　　图4-34 德庆堂院内座山影壁

　　德庆堂与崇本堂门楼外影壁的装饰相对朴素（图4-33），檐下斗栱两翼装饰如意卷草，垂莲线条简洁。德庆堂院内的座山影壁（图4-34），屋脊装饰砖雕的牡丹、菊花，檐下斗栱两翼雕刻夔龙，惟耍头与垂莲皆已损毁。壁心也是方砖斜砌，四周用圆润的竹节作框，其外雕饰一圈蝙蝠祥云的纹样，再用普通砖砌框子。基座为几腿式，饰卷边，简洁有致。

　　上巷照壁皆不做过多装饰，随墙而设，壁心有六角砖与斜砌方砖两种。忠和堂外的随墙影壁（图4-35），为村中较古的一例，屋脊上不设望兽，只用一朵线条流畅的卷云，形似如意。其微黄的砖色，剥落的砖角，直道尽了沧桑。

图4-35 忠和堂外随墙影壁

9. 柱础石

在柱础石出现之前，木柱是直接插到土地中的。木材并不耐久，经过一段时间的风雨侵蚀之后很容易腐朽，而柱是木构架中重要的承重构件，柱子是否完好与整座建筑的安危关系重大，因此，为了保护木柱，后人在柱下安放石质基石用于保护木柱。经过世代的发展，石质基石逐渐演变成了柱础石。官沟古村的柱础石主要有两种形式，即束腰覆盆式柱础和鼓镜式柱础，前者在官沟古村较为常见。

鼓镜式柱础石（图4-36）多用于倒座的暖阁，大部分埋入墙体中，小部分裸露在外，因此装饰也很简单，一般只用线雕手法描绘少量花纹。

忠信堂倒座檐柱下的柱础（图4-37）为束腰覆盆式柱础，卧鼓上雕刻鼓钉与牡丹花，束腰处雕刻锦文，覆盆处通身雕刻宝相花与莲花花瓣，基座四角雕刻云纹。

长庆堂倒座柱础石（图4-38）与忠信堂倒座柱础石类型相同，偏院倒座的柱础石雕刻得非常讲究，卧鼓上雕刻着象征吉祥的宝相花，束腰处饰以拐子龙纹，覆盆部分上段刻如意纹，下摆雕莲花花瓣，基座四角饰以云纹。正院倒座两端各有一间暖阁，柱础石分为两种，中间两根檐柱下为束腰覆盆式，形制与偏院无异，暖阁外墙转折处的檐柱下

长庆堂倒座暖阁柱础　　忠信堂倒座暖阁柱础

图4-36 鼓镜式柱础石

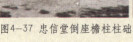

图4-37 忠信堂倒座檐柱柱础

图4-38 长庆堂倒座檐柱柱础　　　　　　　图4-39 德庆堂柱础　　　　　　图4-40 崇本堂柱础

图4-41 小高房柱础

为鼓镜式柱础石，只在边缘处雕刻了鼓钉，并无太多雕饰。

德庆堂与崇本堂的柱础石雕刻最为讲究。德庆堂柱础石（图4-39）卧鼓处雕刻蝙蝠、绶带并饰以祥云，蝙蝠的"蝠"与"福"谐音，绶带的"绶"与长寿的"寿"读音相同，绶带绵延不断，与蝙蝠结合起来共同寓意着福寿绵长；束腰处雕刻"卍字不断头"纹样，覆盆上部间隔雕刻如意纹与莲纹，下摆为莲瓣，基座为单层莲瓣须弥座。须弥座是较高等级的装饰构件，足见德庆堂的主人在家族中的地位有多么显要。

崇本堂柱础石（图4-40）卧鼓上雕刻着蜻蜓与祥云，意味着"青云直上"，束腰刻"卍字不断头"，覆盆所刻为如意纹与莲瓣，基座亦为须弥座，形制与德庆堂一致。

小高房檐柱下的柱础石（图4-41）形制与倒座的柱础石并无差异，只是在暖阁的拐角处略有变化，露出墙外的一角雕刻纹样，藏入墙中的其余三角保留方形，不做处理，以便与墙体衔接。

10. 排烟口

古时候，人们没有现代的取暖设备，在寒冷的冬季，家家都要烧火炕取暖。阳泉一带有丰富的优质无烟煤，燃烧时产生的烟气很少，因此无需在屋顶上设烟囱，只需在外墙内预留烟道，在距地面一米多高的位置开个排烟口，就能将烟气排出。排烟口通常是由一整块石头制成，上面凿出一个圆孔与烟道相连，朝外的一侧有精美的石雕作为装饰。

官沟古村现存的排烟口大多保留得较为完好，种类多样，形象生动传神。石雕纹样的内容既有祥云（图4-42）、瓜果、花卉，也有狮子。祥云，代表和谐、吉祥；石榴（图4-43）百子，常被用来寓意多子多福，祈求子孙满堂；南瓜（图4-44）多种子，枝蔓绵延不绝，也预示着子孙绵延不绝，代代相传；寿桃（图4-45，图4-46）是长寿的象征；佛手（图4-47），也是一种有着吉祥寓意的蔬果，"佛手"与"福寿"谐音，有多福多寿的寓意。主人通过这些预言吉祥的图案，来寄托自己的美好心愿。

图4-42 祥云纹样

德庆堂的这一例排烟口（图4-43），两个饱满的石榴挂在枝头，树枝、叶脉均清晰可见。德庆堂厢房的排烟口雕刻着寿桃纹样（图4-45），果实丰满、圆润，茂密的枝叶以浅浮雕的形式表现，衬托在果实下面，使作品更具有立体感与层次感，在构图上也更加饱满。

狮子也是排烟口石雕纹样的一大主题[1]。村中狮子纹样的形象有两种：其一为正面狮首纹样（图4-48），狮子头上长有螺髻，目光炯炯有神，狮口大张，排烟口隐藏其中，狮头庄重威严而又不失亲和力，既可震慑邪祟，又不惧人；其二为狮子全身纹样（图4-49），主题是狮子滚绣球，长庆堂倒座外墙上的那一对排烟口，狮子身体略呈"C"字形，狮首在下，狮尾在上，口中衔着绣球（绣球即为烟口），绣球上系着飘带，随风飞舞，狮子身形

---

[1] 一说为狻猊，即龙之九子之一，形态像狮子，也有人认为狻猊是狮子的别称。

图4-43 石榴纹样

图4-44 南瓜纹样

图4-45 寿桃纹样

图4-46 寿桃纹样

图4-47 佛手纹样

图4-48 正面狮首纹样

灵巧流畅，狮尾、绶带飘逸灵动。两种狮子纹样，以前者更为多见。

佣人居住的院落中也有排烟口，这些排烟口的样式以实用为主，只在方正的石块上开一圆孔，表面不做任何装饰，由此可见，排烟口的精细程度也反映出院落的等级。

11. 神龛

官沟古村中，几乎每个院落都供奉有神龛，什么位置供什么神也很有讲究，正院内的是天地龛，下院对着大门的是土地龛，还有开在大门背后的是门神龛，村中还有"土地神不进二门"的说法。这些神龛反映了张家深受农耕文化浸润，突出了官沟村张氏农商并重的特点。神龛多是用砖瓦雕刻而成，主要安置在正房的墙面上，也有少量安放在照壁和厢房外墙上。神龛虽小，却"五脏俱全"，屋脊、望兽、瓦当、滴水、斗栱、梁柱、大门，样样都有，有的还悬挂着牌匾。在形制上，神龛完全模拟一座真正的小庙，龛内贴有神像，陈设香炉香案。在形式上，屋顶的比例与真实建筑相比明显偏大，望兽与屋脊的比例更是夸张。基座一般都用较为复杂的线脚装饰，正面线雕纹样，有的

图4-49 狮子全身纹样

图4-50 学堂院天地龛　　　　图4-51 德庆堂正房天地龛　　　　图4-52 德庆堂厢房土地龛

还在基座下增加了须弥座。

　　学堂院的天地龛（图4-50）较为简单，屋脊刻画莲花，两端安置鸱吻，檐下有两柱一枋，均为竹节形，挑尖梁头向前突出，雕刻麻叶头，基座正面雕有卷草与宝相花纹样，都用线雕的手法表现，龛内正位供奉天皇老神像，龛前供着少量艾草。

　　德庆堂正房外墙上的神龛（图4-51）较为精致，屋脊雕刻正面龙纹纹样，周围饰以祥云，吻兽为龙首鱼尾，鱼尾上翘，形象生动。瓦当、滴水、飞椽、檐檩、斗栱、牌匾、平板枋一应俱全，屋檐之下悬挂着一副匾额，刻有"高明配天"四个大字。雀替饰以卷草纹，石柱下端为束腰覆盆柱础，覆盆四角雕有宝相花花瓣，下部基座正面对称雕有两只凤凰，空白处以祥云纹样填充。整座土地龛比例匀称，建筑构件粗壮有力，装饰纹样巧夺天工，是官沟村诸多土地龛中最有"力度"的一座。

　　德庆堂厢房侧面的一例土地龛（图4-52）也较为精细，屋脊雕刻蝙蝠与祥云，斗栱装饰如意卷草纹，下部基座正面雕有缠枝牡丹，瓦当也一一雕出表情。从形态上看，与上文所讲的一座土地龛非常相似，只是在比例上更加细长。

附录1 历史建筑测绘图

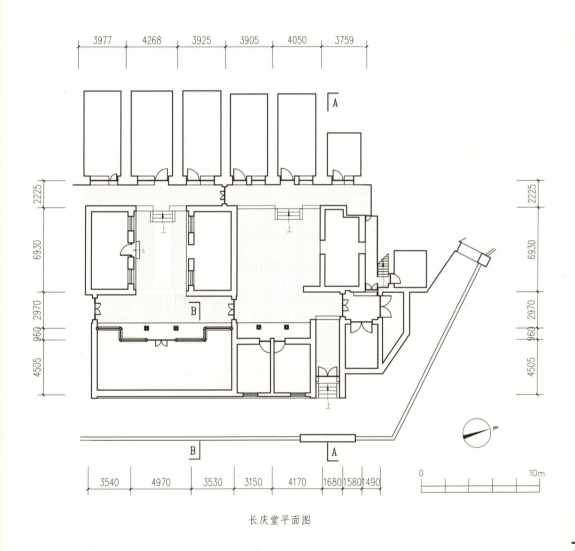

长庆堂平面图

山｜西｜古｜村｜镇｜系｜列｜丛｜书

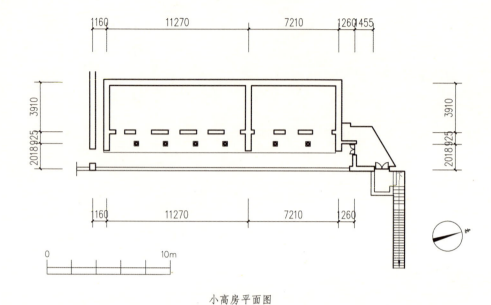

小高房平面图

长庆堂正房立面图

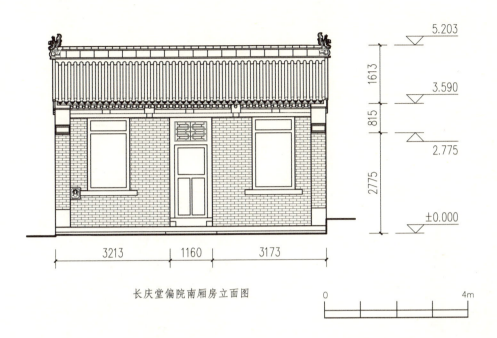

长庆堂偏院南厢房立面图

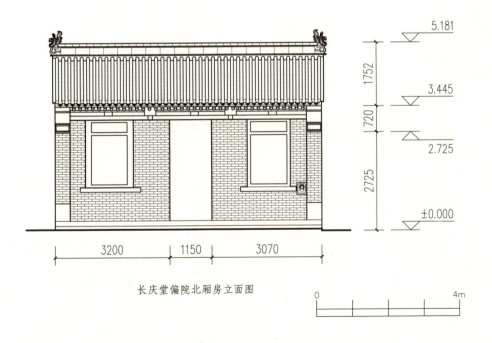

长庆堂偏院北厢房立面图

山│西│古│村│镇│系│列│丛│书

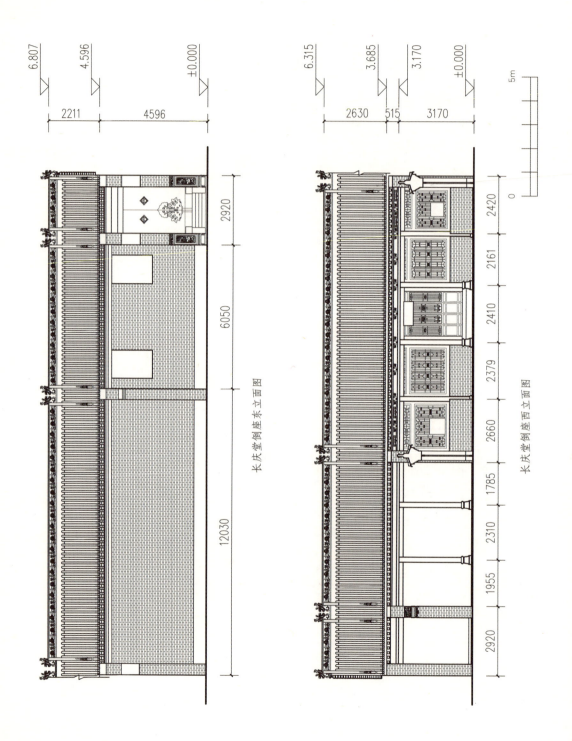

长庆堂倒座东立面图

长庆堂倒座西立面图

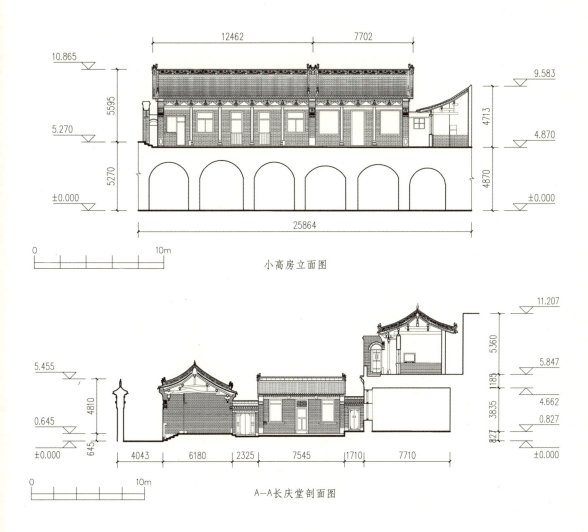

小高房立面图

A—A长庆堂剖面图

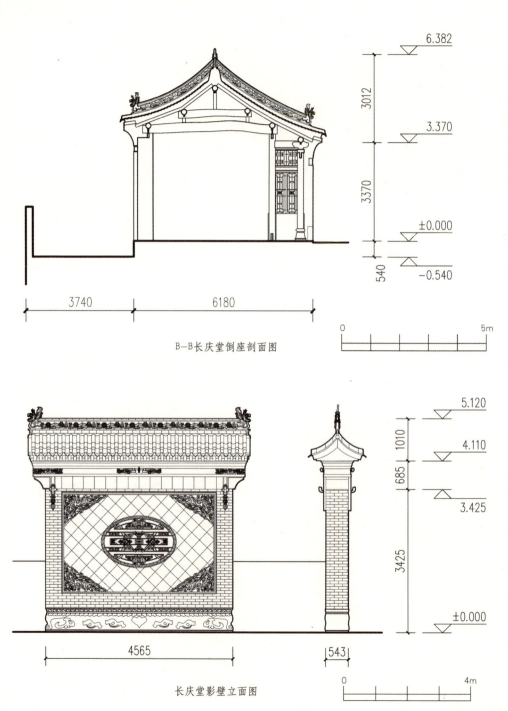

B-B长庆堂倒座剖面图

长庆堂影壁立面图

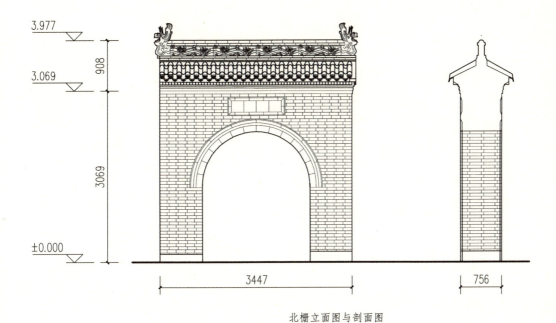

北栅立面图与剖面图

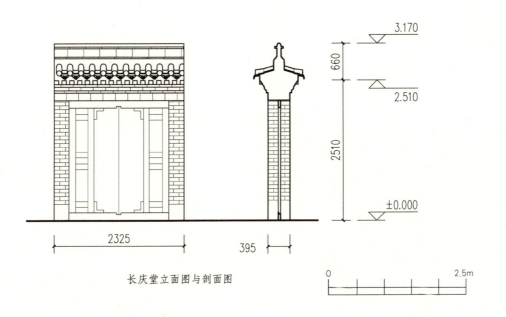

长庆堂立面图与剖面图

长庆堂墀头纹样　　长庆堂石雕

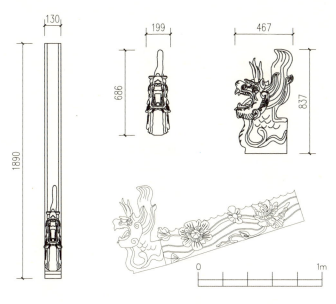

长庆堂屋脊装饰图

长庆堂墙基石装饰图

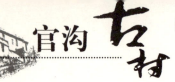 官沟古村 |山|西|古|村|镇|系|列|丛|书|

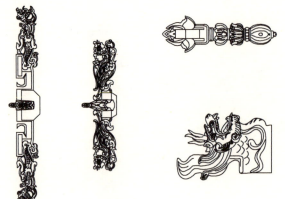

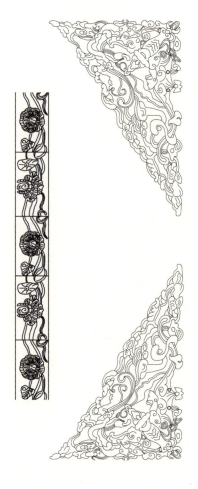

长庆堂照壁装饰图

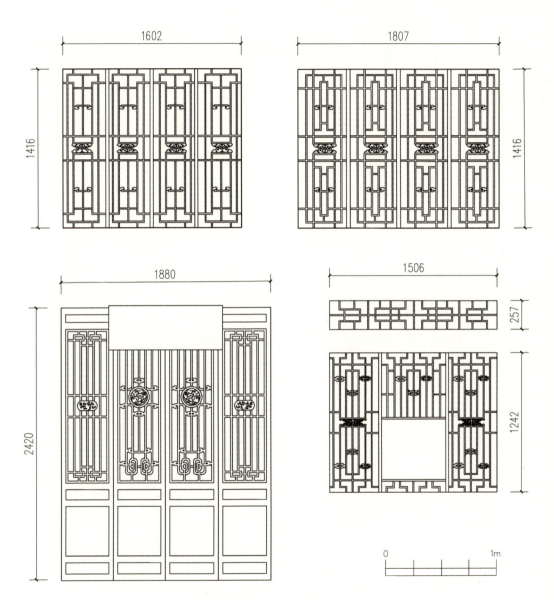

长庆堂门窗装饰图

山|西|古|村|镇|系|列|丛|书

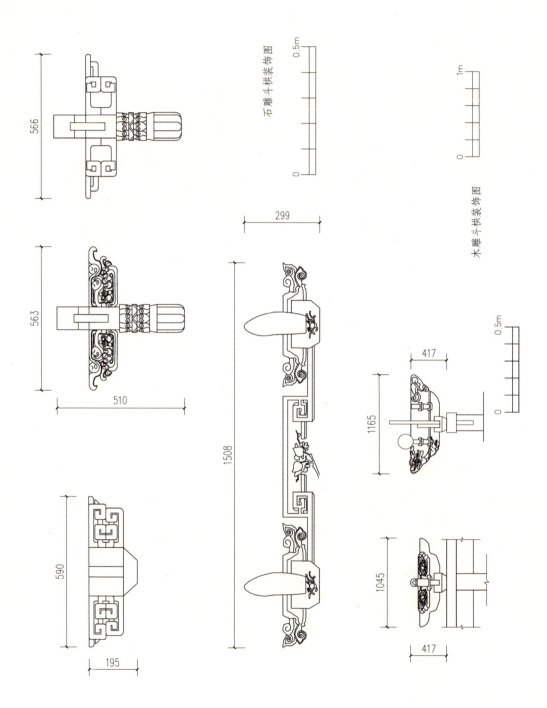

石雕斗栱装饰图

木雕斗栱装饰图

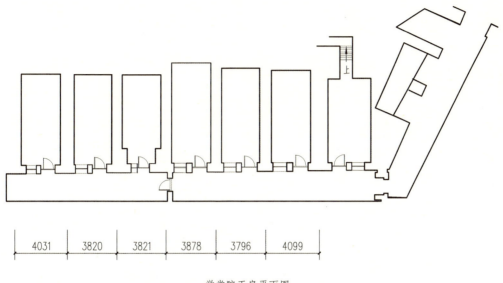

学堂院正房平面图

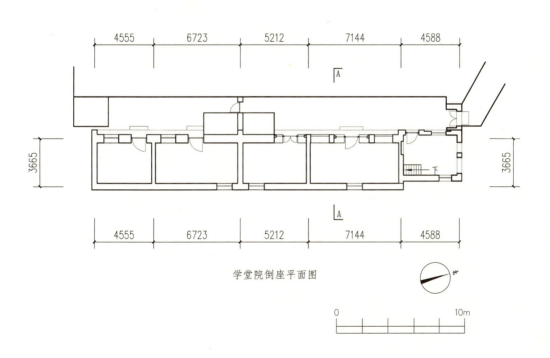

学堂院倒座平面图

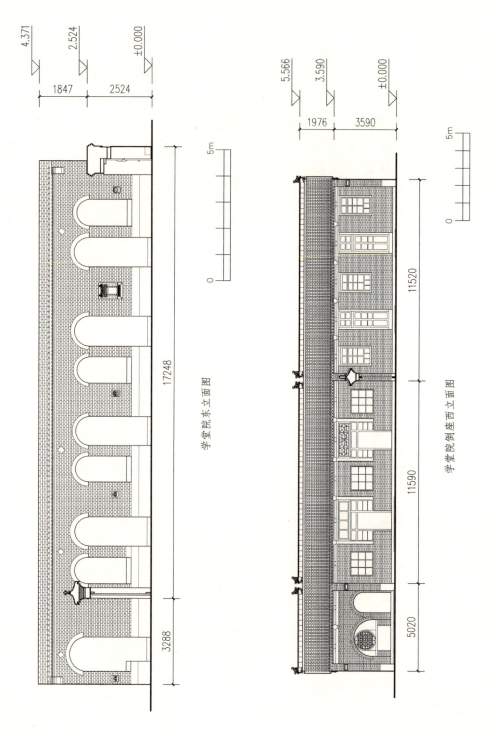

学堂院东立面图

学堂院倒座西立面图

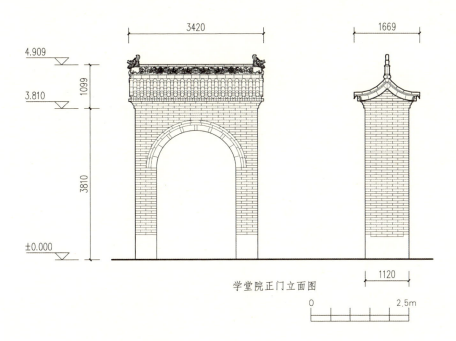

学堂院正门立面图

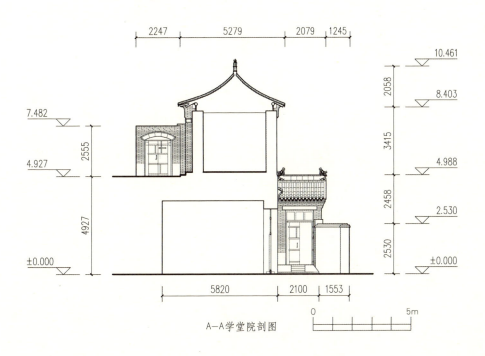

A-A学堂院剖图

| 山 | 西 | 古 | 村 | 镇 | 系 | 列 | 丛 | 书 |

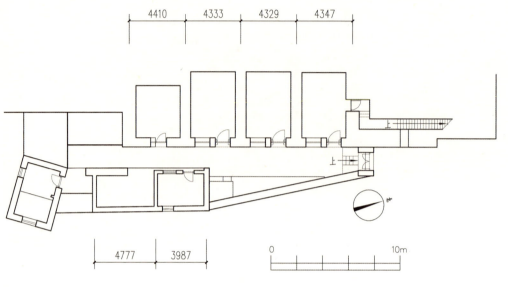

打更房平面图

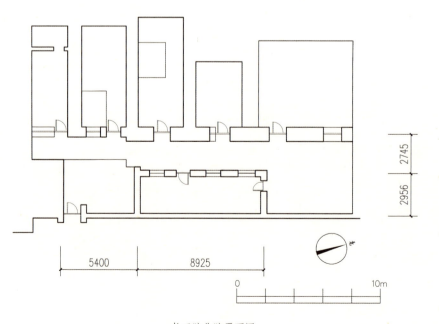

长工院北院平面图

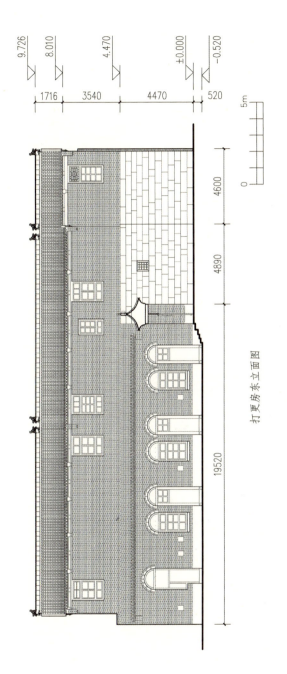

打更房东立面图

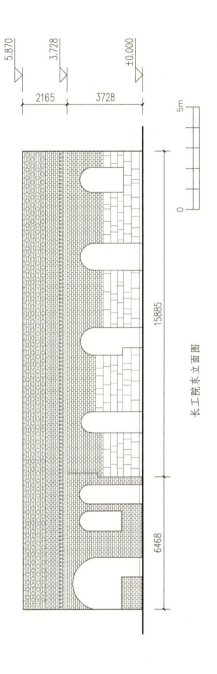

长工院东立面图

附录

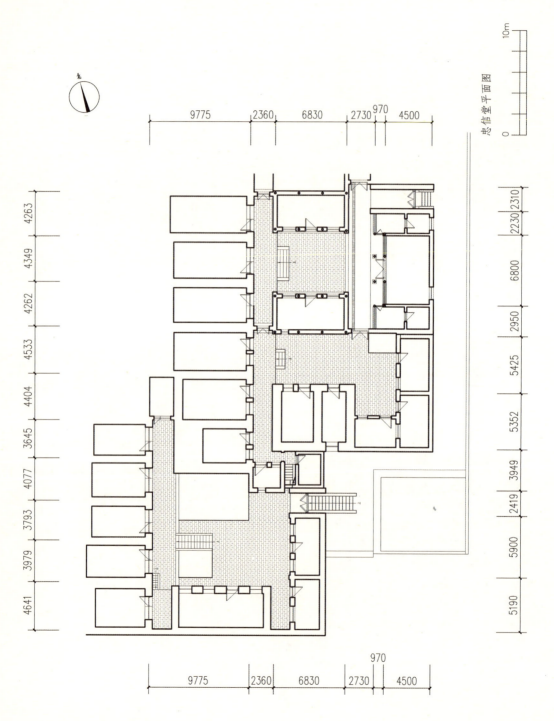

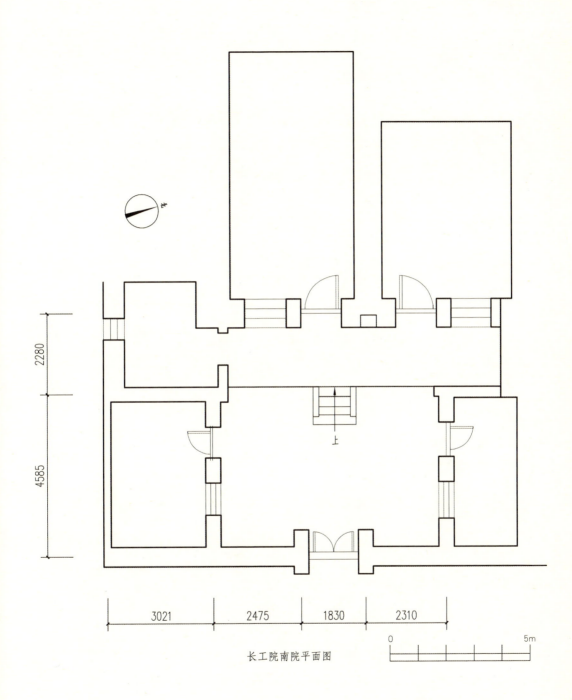

长工院南院平面图

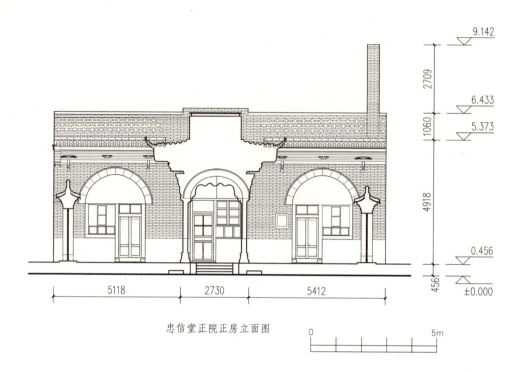

忠信堂正院正房立面图

忠信堂倒座西立面图

忠信堂偏院厢房立面图

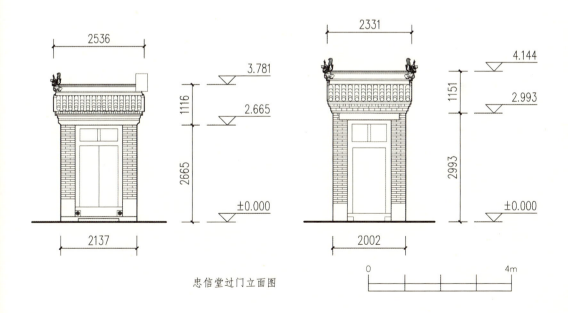

忠信堂过门立面图

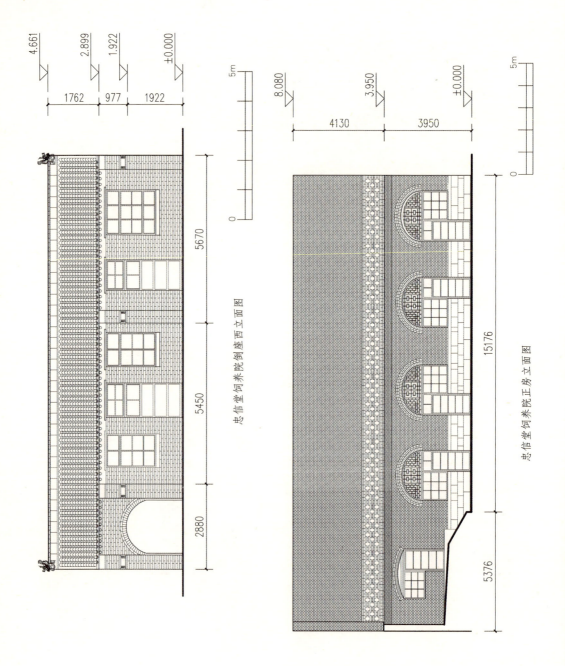

忠信堂饲养院倒座西立面图

忠信堂饲养院正房立面图

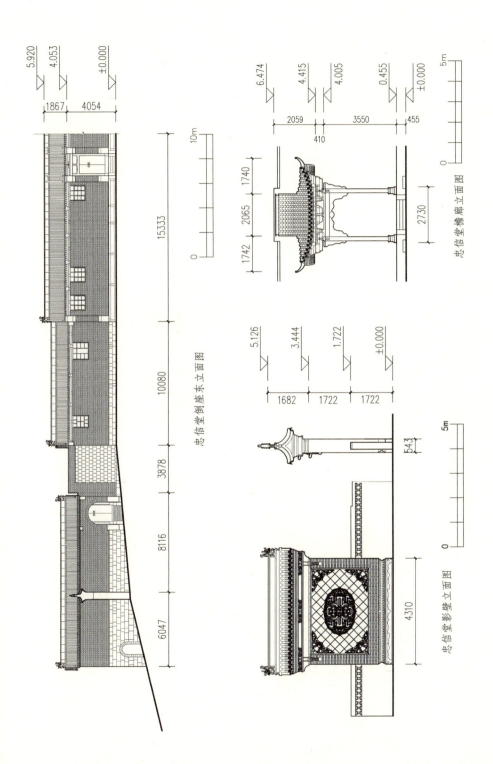

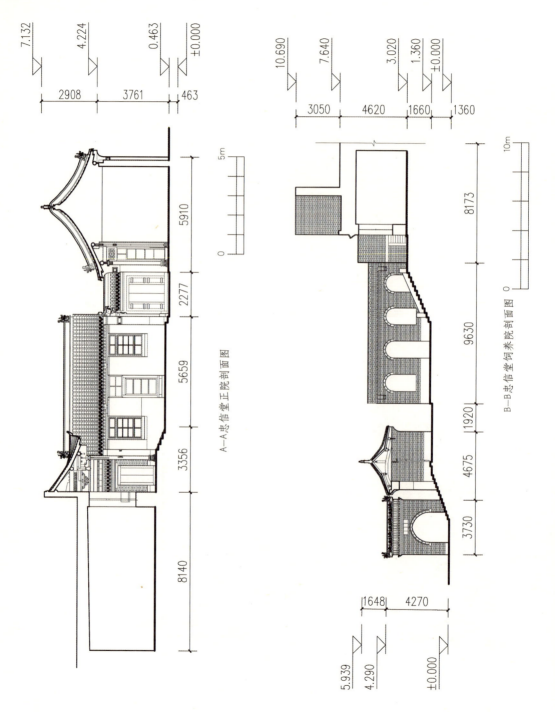

A-A忠信堂正院剖面图

B-B忠信堂伺茶院剖面图

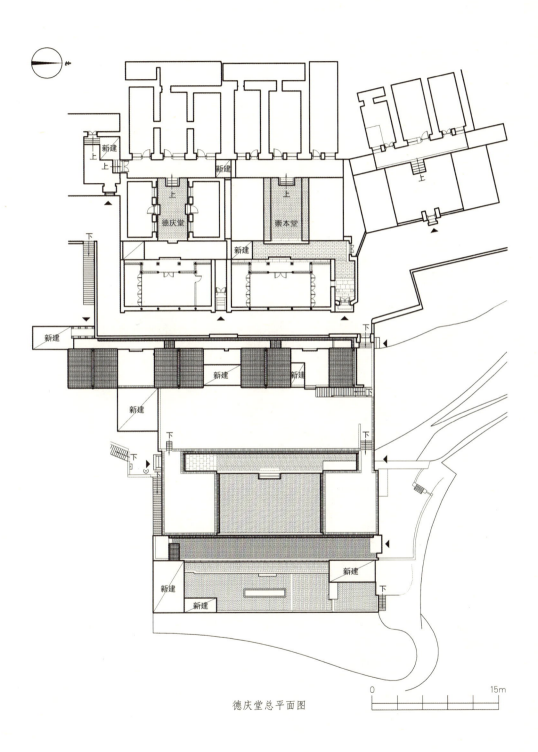

德庆堂总平面图

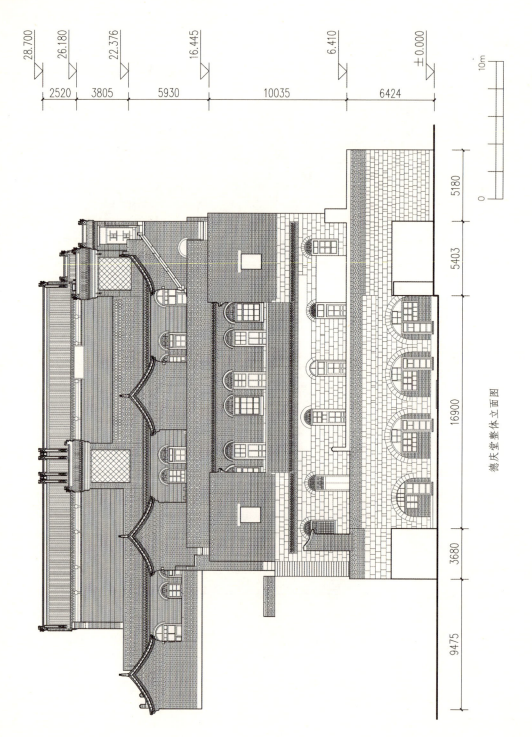

德庆堂整体立面图

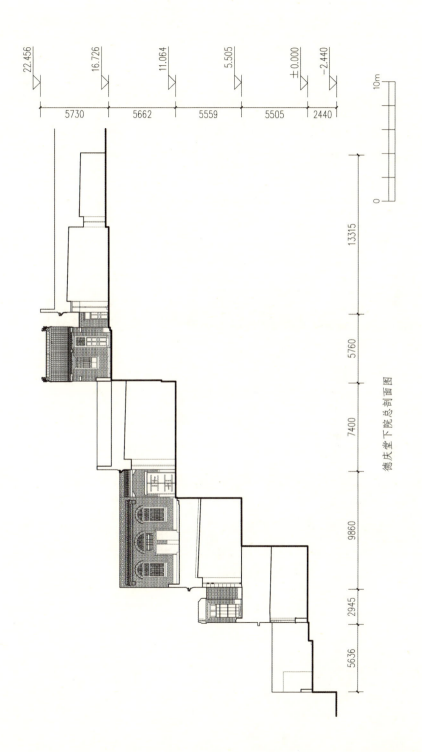

德庆堂下院总剖面图

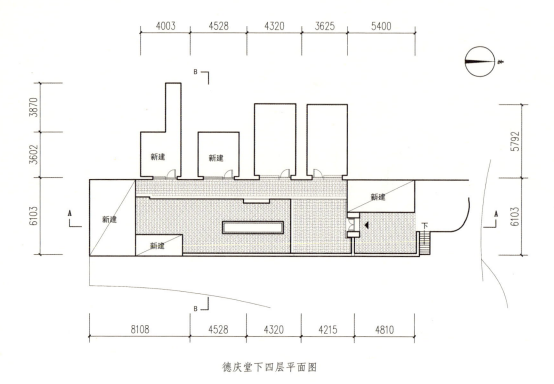

德庆堂下四层平面图

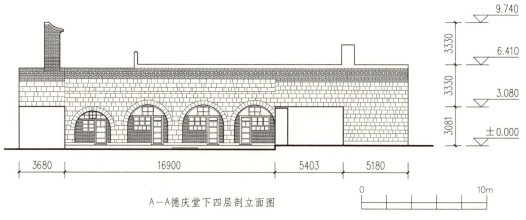

A—A德庆堂下四层剖立面图

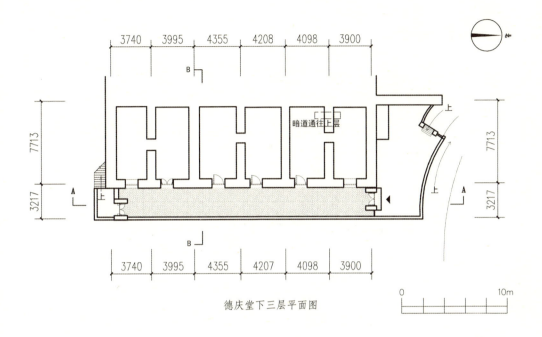

德庆堂下三层平面图

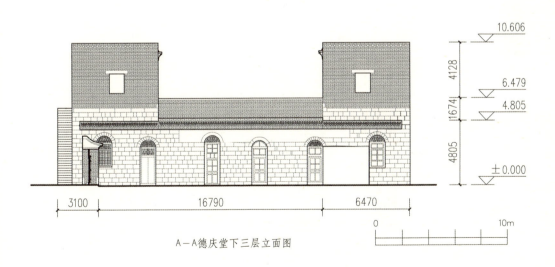

A—A 德庆堂下三层立面图

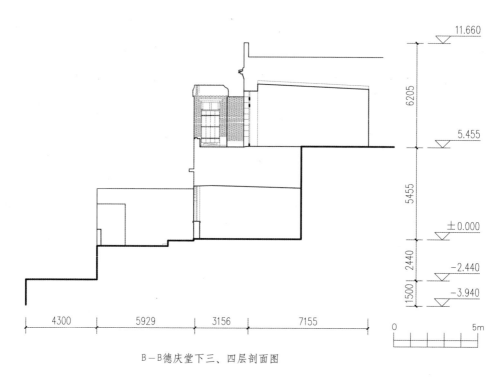

B-B德庆堂下三、四层剖面图

德庆堂下二层平面图

德庆堂下二层立面图

A－A德庆堂下二层剖立面图

B－B德庆堂下二层纵剖面图

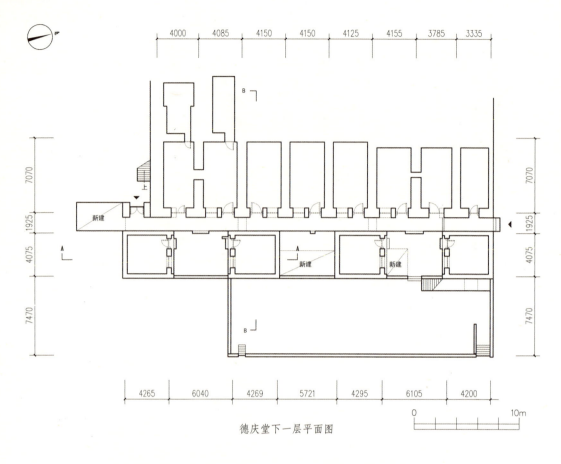

德庆堂下一层平面图

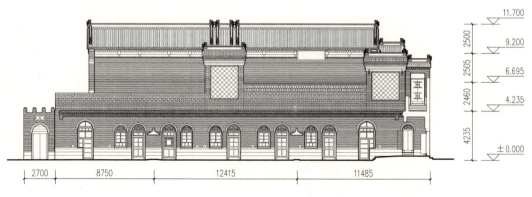

德庆堂下一层立面图

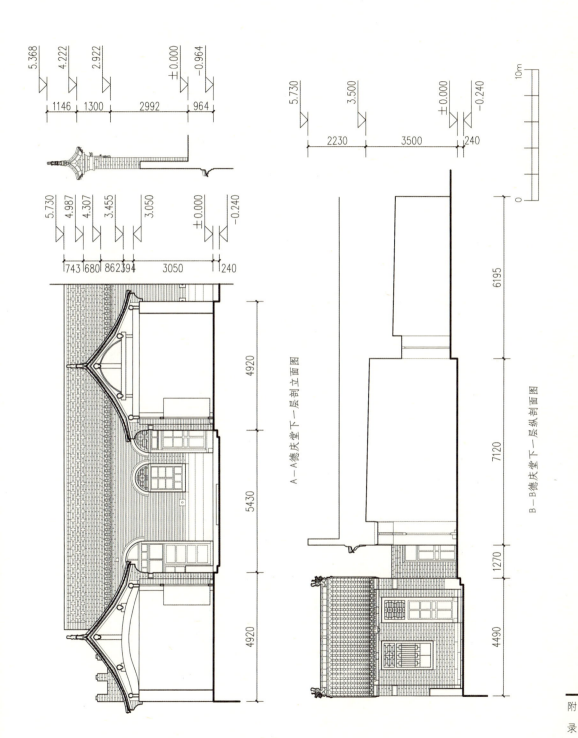

A-A德庆堂下一层剖立面图

B-B德庆堂下一层纵剖面图

附录

157

官沟古村

山西|古村|镇系|列|丛|书

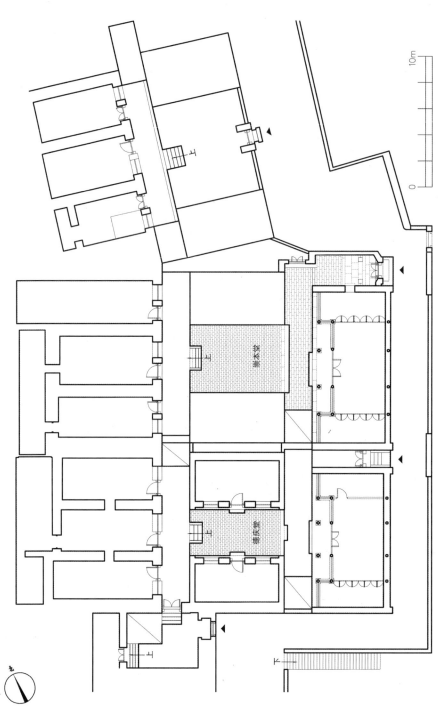

德庆堂崇本堂平面图

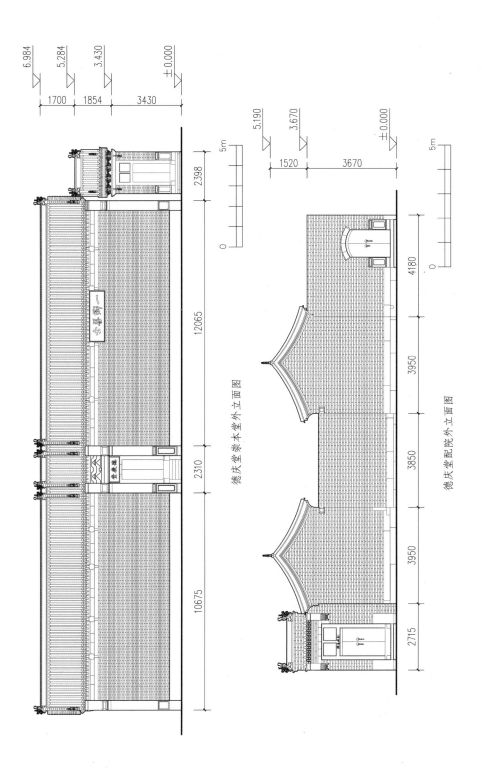

德庆堂崇本堂外立面图

德庆堂配院外立面图

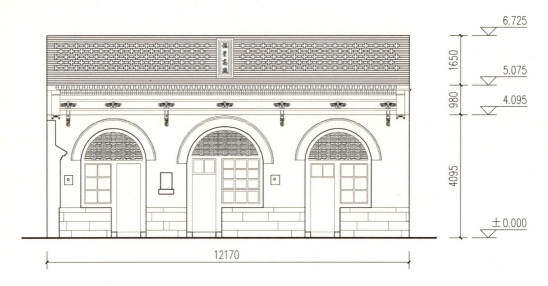

德庆堂窑洞立面图

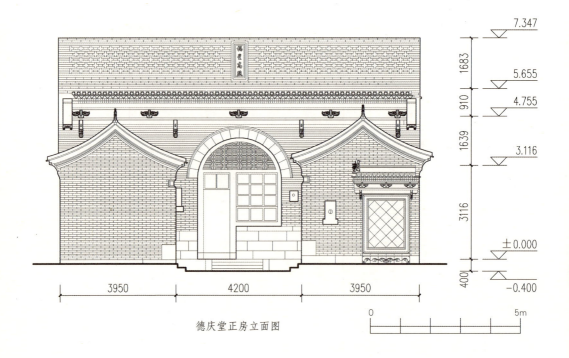

德庆堂正房立面图

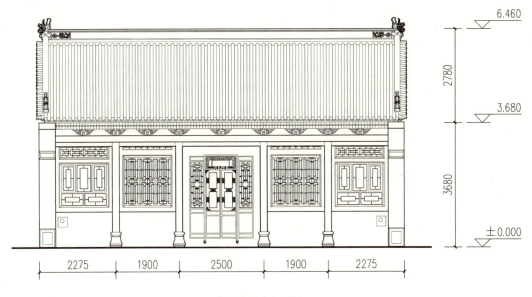

德庆堂倒座立面图

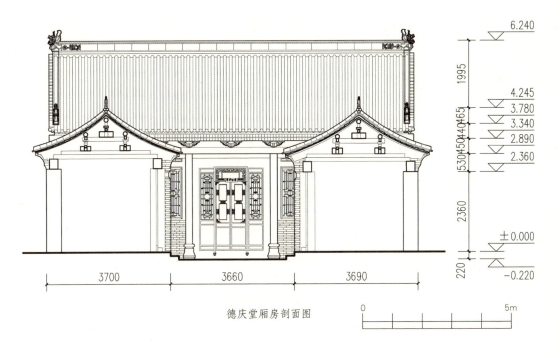

德庆堂厢房剖面图

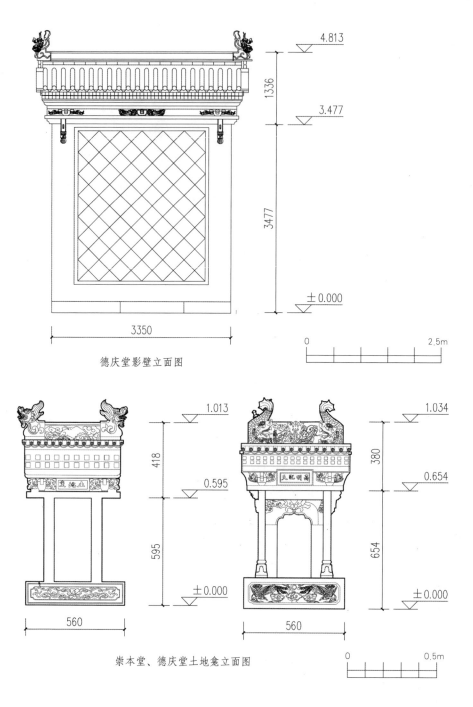

德庆堂影壁立面图

崇本堂、德庆堂土地龛立面图

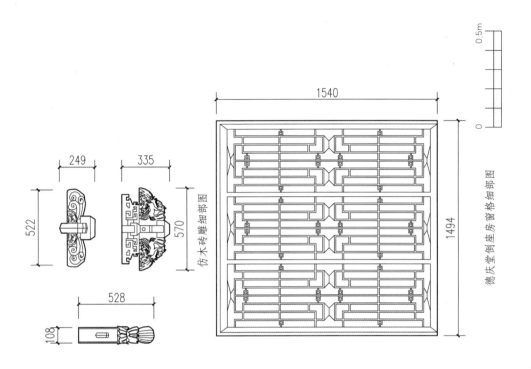

德庆堂倒座房窗格细部图

仿木砖雕细部图

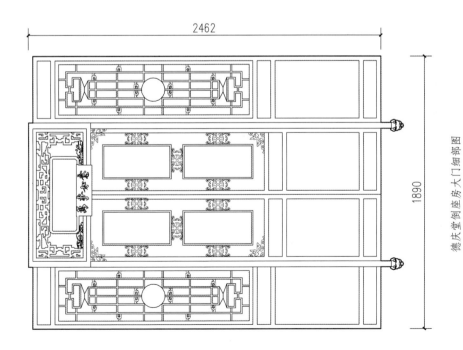

德庆堂倒座房大门细部图

附 录

163

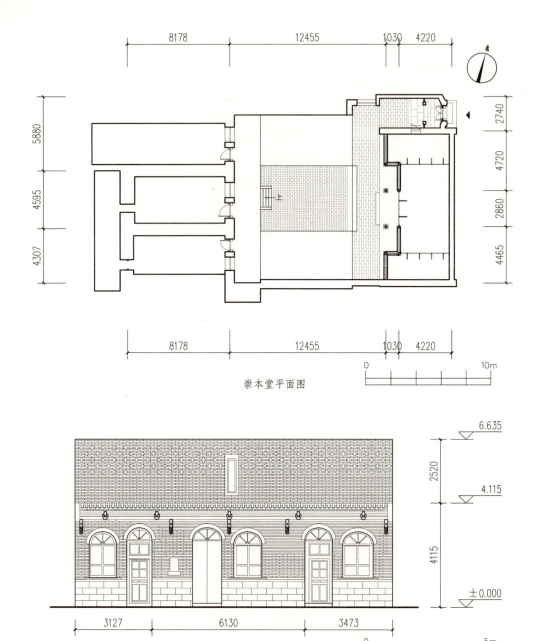

崇本堂平面图

崇本堂窑洞立面图

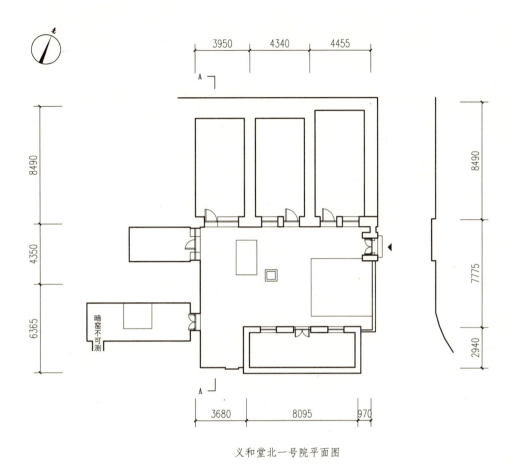

义和堂北一号院平面图

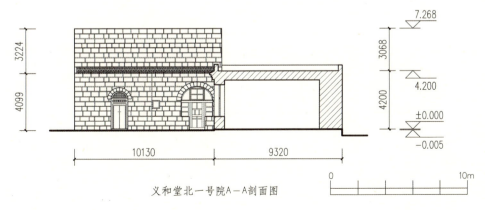

义和堂北一号院A-A剖面图

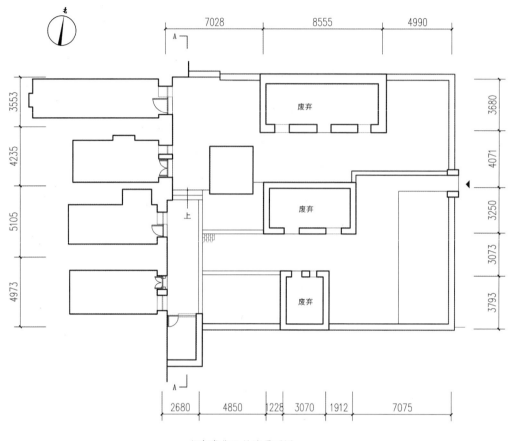

义和堂北二号院平面图

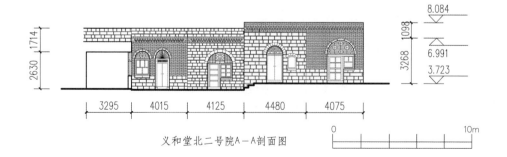

义和堂北二号院A—A剖面图

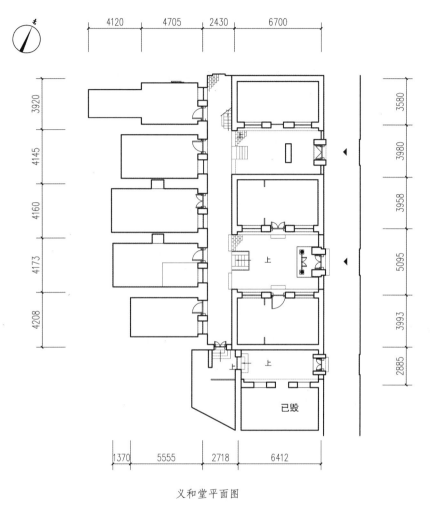

义和堂平面图

义和堂外立面图

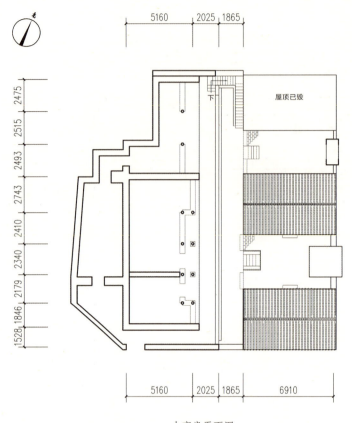

大高房平面图

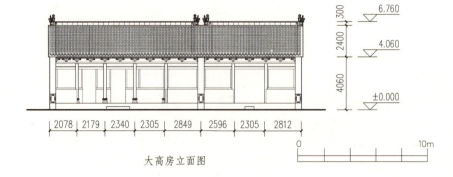

大高房立面图

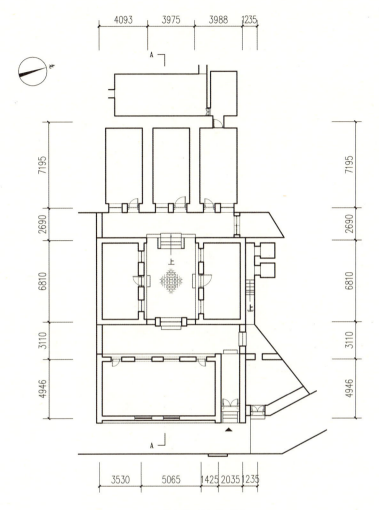

孝友堂正院平面图

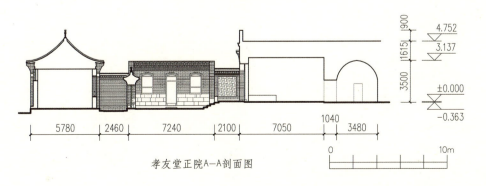

孝友堂正院A—A剖面图

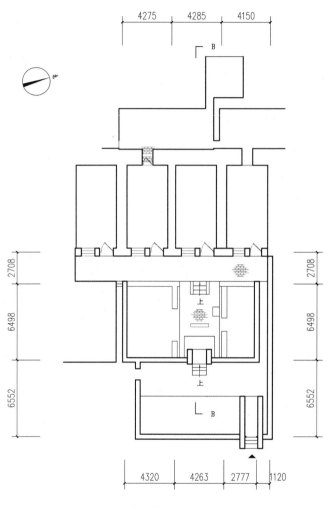

孝友堂偏院平面图

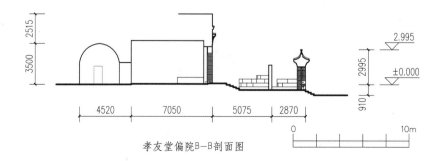

孝友堂偏院B—B剖面图

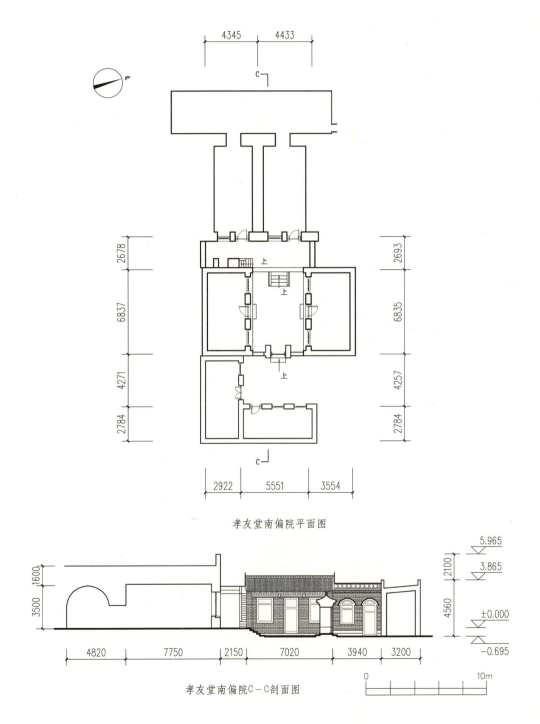

孝友堂南偏院平面图

孝友堂南偏院C-C剖面图

171

官沟古村 | 山 | 西 | 古 | 村 | 镇 | 系 | 列 | 丛 | 书 |

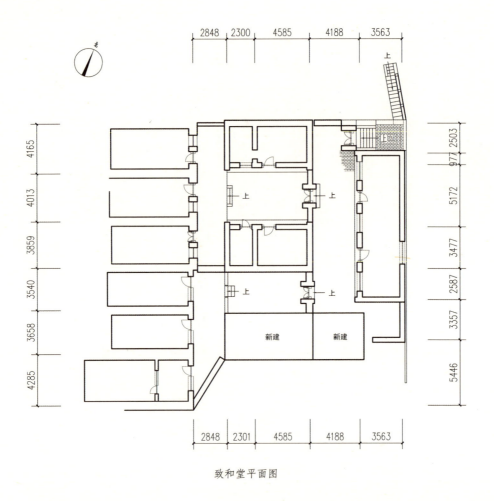

致和堂平面图

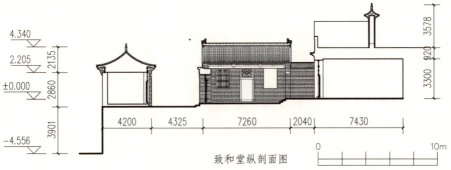

致和堂纵剖面图

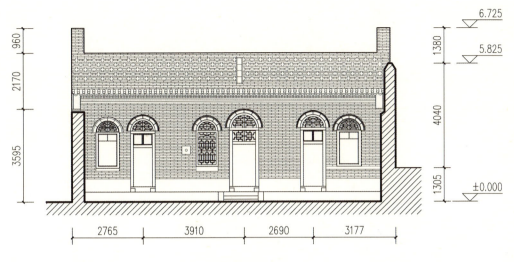

致和堂正院窑洞立面

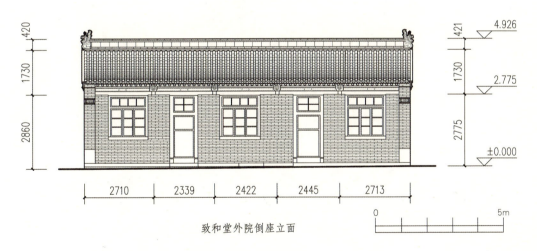

致和堂外院倒座立面

官沟古村 | 山 | 西 | 古 | 村 | 镇 | 系 | 列 | 丛 | 书 |

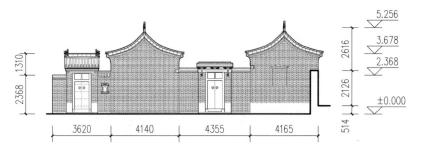

致和堂内院立面

致和堂外立面

细部图样

附录2　史料选录

1.张士义墓志铭

皇清例授武德骑尉侯铨守御所□□□总
质卿张公配李李宜人墓石
敕授文林郎栋选知县丁卯科举人愚妹婿牛葆田顿首拜撰

　　质卿张公，余元配之同胞兄也，相传其先世多隐德至公而勤俭持家，克绍前烈，既殁之明年冬，卜葬有期，余因叨系内戚，不得不即生平所熟习者，援笔以志其梗概焉。公讳士义，字质卿，一字墨西，号敬亭，先岳翁席珍公之令子也。生性纯笃，无浮华气，稍长则学书计库耕耘，亲党间咸推为克家子。先岳翁以事务繁剧，资助乏人，命弃学而理家，困不惜理得且有条不紊。公生于富厚，而衣饰之朴素、服御之简易，视今之稍有余赀、气骄意盈者其悬绝为何！如光绪丑寅间吾州大饥，公与胞叔莘三公义捐资票以周乡里，复生。多金以输于官，其所全活何止万人！按公之祖，昆仲凡四，虽分门析居，已历多年，而中外生理仍辉合无问，由州而直而奉省，夥友繁多，每当汇集，无不奉公言以为准，至于诸门中之事为，莫非由公以总辑之，便无矜容无德色，盖精明之中仍寓浑厚之意。讵人心叵测，有因所欲不遂，藉端砌词以拘讼。时知州事者为楚南类公，宦游晋省，素辅明允，当讯质时，深叱若等之诬罔，并识公之冤抑，恤语慰藉，饬卹有差，旁观者咸请，可以无憾矣。奈公体素弱，思已之积□多年，反招龙吠，抑郁之气莫释于怀，竟于是岁之著遘历以终。呜呼！□人谓天道无知，由今观之，其果有知乎？取其叩无知也耶？恸哉、恸哉！公生于道光九年五月七日酉时，卒于光绪五年十二月二十一日亥时，享年五十有一，元配李宜人无出；继配李宜人生女二，俱适名门；续配谢氏生子女各一，令名永图，未及冠而殇，女幼甫。字□将于光绪七年十一月初四葬公于祖茔，众议继公族兄其怡次子为公嗣。余伤公之遭逢不偶，并悼公之抑郁以终也，爰略书梗概，偶真诸圹，而公之□□懿行，载诸家乘业者不便及避衰也。

男儿永禄泣血刻石谨志
光绪七年

2.张士林墓志铭[1]

清封奉政大夫赏戴花翎候诠同知太学生张公墨卿墓志铭
清授修职郎文水县教谕壬午科亚元姻愚弟石铭顿首拜撰文
清授修职郎灵邱县训导乙酉科举人侍教弟白振祺篆盖并书丹

　　吾邑素多洁身自好之士，谈守则有余，论猷为则不足，求一识时务顾大局者，每不可得。盖地居万山中，风气晚开，见闻不广，故凡事乐于率旧，而惮于作新。然亦幸未遭事机之迫耳。若清季外人贿买矿产，处处插标，志存独据。合邑人民仓皇失措，惊惧异常，徒叹谋生之路绝，捍患之计穷。当斯时也，籍非有识力兼裕者，疾起直追，挽回危局于万一，势必举数千年固有之地宝，不竭之财源，拱手授人，坐视其垄断居奇，利权在握。虽此后合群力争，摊款赎产，其事终底于成，而究不得以继起有功，转忽视首倡之力。迄今思之，乃益信达变通权，诚救时之要务，而拘守故常者之所见

---

[1] 1927年由清授修职郎、文水县教谕、壬午科亚元石铭（石评梅女士的父亲）撰文。

隘也。墨卿张君，平定赛鱼村观沟人，其先世即累仁积德，代有令闻。君踵前徽，见义勇为，不避劳怨。其任事也，能预料于数十载之先，以故出其绪余，即可为一邑谋生存。当筹赀设局，力保矿产。时曾有代为顾虑，多方劝阻者，即至亲契友，且有专函劝止，遗使以速其归。而君则一意孤行，不少游移。凡垫巨款，集众议，君皆视为分所当为，无丝毫矜伐之见存，则识量过人，未可以道里计也。虽然，余之知君与君之所以自立者，抑不在此也。君之出嗣于大国公也，年未冠，丧暨尽礼。适值商业式微，外债丛积，动辄获咎，岌岌不可终日。君以一身维持补救于其间，卒能转衰为兴，家道复振。于本生一方，竭诚致敬，孝友尤笃，推之戚族交游，恤贫周急，情谊恳至。君之殁也，即向不识面者，亦闻而感叹，咸谓邑少一任事人矣。嗟嗟!人孰无死，如君之公而忘私，在他人一节足以千古，而君顾澹焉置之，则本源之纯笃可想矣。君好读古书，家藏善本颇多。兼究心医理，而未尝轻试其术。才大心细，君之谓矣。余与君交久，少时即悉相知，君次子同寿又寄余膝下。兹遇君丧，同寿等持状来为请志墓。顾余老矣，笔墨荒芜，奚足以铭?君继思当年好友，如晨星硕果，半属衰龄，余固不敏，而情义均不容辞。君而有知，应谅余之苦衷也。已案状：君讳士林，字墨卿，生于清咸丰六年六月十二日辰时，卒于民国十六年夏历十月初十日辰时，享稀寿七十有二。配宜人杨氏、郗氏、杨氏、郗氏、赵氏、葛氏、黄氏。子三：长鸿寿，清庠生，次同寿，省中学毕业，三恒寿，省中学毕业，肄业京师师范大学。孙三：迁善、从善、明善。所有世系详载于状者，俱不赘述。爰撮其略而缀以铭曰：

　　木生于岩壑兮，荆棘不可以作栋梁。
　　鸟翔于太空兮，燕鹊曷敢以拟凤凰？
　　黟斯人之置身两间兮，罔克分而判圣狂。
　　或佼佼异于凡庸兮，或碌碌无所短长。
　　当外患之逼近兮，众何之而怅怅。
　　迅雷掩耳而弗及兮，岂容补牢以待亡！
　　君一出而艰险宏济兮，纲举因之目张。
　　维善劳之不居兮，幸优游而徜徉。
　　忽噩耗之相惊兮，执绋而奠酒浆。
　　悲君一瞑而千载兮，抚藐躬以自伤。

男　同（恒）　寿　泣血瘗石
中华民国十六年夏历十二月五日

3. 先君墨卿公行述[1]

　　先君姓张氏，讳士林，墨卿其字也。以咸丰六年六月十二日辰时生于山西平定之故里。曾祖讳汉宰，祖讳尔斌，考讳大国，本生考讳大聘，有德行，生子二：长讳士枚，先君季也。

　　先君生有至性，内行醇笃；少事本生父大聘公至孝，为所钟爱，年十余，出嗣先大父大国公。公配郗太夫人，故富家女，性严毅强直，遇子侄有过，辄厉辞叱责，无少宽假，先君曲承其志，每午自塾归，过窗前即先呼曰母氏，然后人见，其他孝行类如斯，以此卒得其欢心。郗太夫人卒，事本生母周太夫人，尤能先意承志。太夫人家距余家约里许，每以肩舆送迎出入，将护备之，盖数十年如一日。事先伯父士枚公，亦以友爱闻于乡。伯父既殁，为之规划其家计，忍痛数年，卒待力能尽哀尽礼

---

[1] 1927年，张恒寿为他父亲张士林（字墨卿）撰写的祭文《先君墨卿公行述》。

而后葬。葬之日，先君抚棺痛哭，呜咽不能自胜，昔年友爱之笃概可想见。时民国癸亥十二月也。

先君幼理家政，数门冗务，一身兼之，擘划经营，数十载无宁日，不以为劳。善封殖，致饶裕，而深恶蓄私财者，每举以为子孙戒。常能分多润寡，损己益人，推其孝友以及于家。故诸孙子侄，无间亲疏，咸怀其燠休而不能忘。

与人交，重然诺，尚气节。所深契者，多绩学敦行之士。少与姚君子登、朱君炳辰订交，二君宦游直、豫，倾囊相助，动数百金，无少吝色。王笔如、王长卿两先生，先后馆余家，先君钦其学行道义，敬礼有加，其卒也，皆厚赙焉。诸先生殁后，每一道及旧时交游，邈不可得，每殷殷念其家世，其子弟之有缓急相告者，未尝不援助之，一如其先人在也。先君既殁，诸故人无不为之感叹咨嗟，老友如白承之、昆仲、石鼎丞诸先生，皆哭之痛。则其能笃友信矣。

先君自奉俭约，服饰器用朴如也，惟睦婣任恤，兴学济贫，则好善如不及。光绪丁未，民国庚申，三晋旱灾甲全国，既出数千金为首倡，又别用工代赈以补其缺。其他邻里戚党之因婚丧受其惠者，盖无虑数十家。先继母黄宜人之殁也，人或疑其丧俭略为失之啬，然先君独念宜人之父，家贫子少，无以为生，乃为赎其居宅，且岁馈柴谷以为常，则其善用其财何如耶？

光绪末，英商福公司与山西巡抚胡某私相结纳，盗据矿产，全晋大哗。平定民性素文弱，少敢首先发难者，先君独奋起，纠合同志，组织平定公会，抗疏力争，遥为声援，且相约誓死不售地外人。时州牧某，阴袒彼方，以故烦言百出，辟谓反抗者将多不利。时先伯父家居，闻之惧，星夜遣使告先君，且嘱之归。顾先君意志坚强，独不为动，婉告来使，谓事且成，不足虑也。时学校初兴，士气方振，皆力主赎产归公之议。会留东学子李培仁愤志蹈海，全晋震动，官吏知民力卒不可当，士大夫亦多起抗争，卒抵于成。计先君奋斗以来，独立支撑一隅，历二年余，无少倦意，费金三千，若无事者。事终，倏然而归。境内营矿业者踵相接，而已不与焉。

鼎革以还，时有称许斯举，或且议为褒扬者，先君辄以他语乱之，无少矜色。民国八年秋，平定省议士，陈其事于省当局；当局奖以"急公好义"匾额。褒文至日，先君阅之，竟徐置案头曰："姑置之可耳。"明年，不孝等既命工付之剞劂，众有议以乐工迎之者，事为所闻，严辞拒之。十年春，始悬诸庭。其务实不近名如此。

先君德行既称于乡里，而烛事明灼，识力尤为精群。每遇事变丛胜，众莫得其首尾，先君为之剖析义利，则皆秩然有条贯。戚族有疑难来问者，辄为之条其得失，莫不了悟，尽欢而去。

方同、光之交，余家去先世创业初，已稍久远，勤朴之风，行且替矣。中无主持，外多事变，生涯折阅，家政废弛，内外负债累巨万，而乘间抵隙者又日环于侧。当斯时，先业之不坠者，几希矣。时先君才十龄耳，甫秉家政，即躬赴寿阳清理旧业，结束亏累，裏所数年不能决者，先君治之，月余而毕，以是众皆叹服，莫肯携贰。

其后相继董理奉直商业，泯注金融，黜陟人才，皆犁然当于人心。盖当时之甚难措施者，莫过于东伙之超支。先君知症结在斯，乃厘定规章，相期守法，而以吃亏自任。其有力不能补者，则代偿之；有本已罄而犹甚窘者，则资助之。于是劳资咸悦，纠纷以解，顾人初不知先君用以助人者，亦贷于人者，盖其识力超远，深知非能任小害者，不足成大业也。

积弊既除，又善知人，于是邻择忠实，托以重任。受其托者，亦感其至诚，终身无贰。十数年后，基业粗定，家道中兴，用能遂其教子弟，睦宗族，任乡恤里之素志，盖皆数十年只身经营之力也。

先君气宇宏阔，外浑敦而中明锐，望之和蔼可亲，顾重言厉而围举止，故乡党戚友，无贤不肖，成致敬爱。居未尝轻举人过，而人之因过受其教育，亦未尝有后言。族中子侄，每因婚丧相聚，辄引某年某事，受其训益，以为美谈。里中斜冠袒臂之徒，居恒箕踞街巷，漫无礼貌，然望先君至，则率

皆肃然起敬，以容问答而后去。盖其平日之自立者，坚故威重之及人者深也。

少尝两试，不第。文辞非其所长，亦不工持筹握算，顾好读书，能博闻强记，小说诗歌，皆稍浏览，颇熟于晚清掌故，尤嗜宋明儒书，常举陈榕门五种《遗规》、汪尤庄《遗书》中语以教乡人。兼好涉猎岐黄，然自谓不谙切脉，不轻为人医也。

余家先世以农商世家，自先君始，颇好藏典籍。尝命不孝等取张文襄《书目答问》，点定已所藏者；自《十三经》、《二十四史》，下讫《九通》《太平御览》及诸丛书，共得若干卷，颇有善本。乃指以教之曰："吾少失学，甚望汝等能读书，然读书期在明理涉世，非徒博取功名已也。"则其志操可睹矣。

先君元配杨宜人，生伯兄鸿寿，继郗宜人、杨宜人，俱早卒无子，继郗宜人，举一女，九岁而夭，继赵宜人，生同寿，继葛宜人，生恒寿及亡妹，妹生十二年而殇，继黄宜人，亦无出，先先君一年殁。伯兄生三子迁善、从善、明善。伯兄出为士载公后，迁善又出为永顺公后，皆不幸先君殁。

初，吾伯兄长不孝等以倍，早能任事，其卒也，不孝等及迁善兄弟，皆未弱冠，方就学，不省事。先君年已六十，勉为达观，乃命迁善辍学相助。迁善颇勤慎精细，善理繁绩，十年来米盐钱谷之务先君渐能息肩，方幸继起有人，聊可稍娱晚年，而迁善竟以嗽疾，中逆而夭，得年仅二十有七。

先君年已古稀，惨遭此痛，悲感异常，旧患腿疾，至斯乃益艰于步履。

是年（十三年）不孝等自太原中学卒业归，明年，不孝等游于京师，先继母亦病痰嗽甚剧，十五年夏五月，先继母病殁，先君愈增悲苦，疾益锢，乃不复出庭户。初以腿疾，兼感郁滞，腹有逆气，时欲上冲，医药未先宣泄，遂致周身痹痛，一年来辗转床褥，动静需人，其情殊苦，顾幸精神欲食，尚不后人，偶意或非不起之疾。乃入秋以来，医药数易，病势且增且减。疾革三日，遂于十六年夏历十月十日辰时，舍不孝等而长逝矣！享年七十有二。

呜呼！不孝等承行君之慈爱者垂三十年，劬劳不能分任，疾病不善侍养，一旦猝为无父之人，人生苦痛，何以逾此？回忆趋奉庭帏之日，先君谆致训诲，抚慰备至，爱怜之心，幽然以深，犹仿佛见其慈容宛在目前。嗟呼！嗟呼！自今以往，其爱儿者何人耶？天乎痛哉！

不孝 同（恒） 寿泣述
（1927年成文）

（杨子仪读后附记：六十余年后生读此文，情感一如当年，敬仰之情，油然而生，不揣谫陋，加注标点，以便阅读。

此表丹书，原拟由墨公挚友白振祺（平定姜家沟人）老举人执笔。嗣以白老先生年事过高，恐有劳累，遂改由我市著名书法家唐石清（城关镇人）先生代书，因张恒寿教授与唐石清君均系好友，故对此情况，知之颇详。1992年7月。）

4.挽诗（社会名流为张士林所作）[1]

（1）李位斋先生挽诗

石艾城西路，郁郁故人居。故人不可见，蓟门空容与。少小家不造，未尝废诗书；及长广交游，而不喜滥竽。久处略形骸，缓急不相渝。恂恂君子度，足以式乡闾。嗟我走南北，音间旷久疏。我方

---

[1] 注：李位斋，娘子关人，京议员。石鼎丞，平定人，名石铭，石评梅之父。杨大芳，大阳泉人，河南某知县。黄铸卿，平定人，省议员。刘先滢，四川人，平定知事。张良卿，劝学所所长。姚琴轩，石卜嘴五高校长。

倦于役，斯人忽云徂。问天浩茫茫，修短终一途。庭前有桂树，馥馥今何如？笑言犹在耳，但见鸟于于。遥天歌一阕，寂寞知也无？

(2) 白维春先生挽诗并序

前清光绪时，余受墨卿聘为塾师。余年壮，墨方三旬，主宾年少气盛，每课余屈膝纵谈，上下其论议。墨卿屡试弗售，志不少挫。尝谓：男儿在世，视义所当为力所能为者，决心行之，得失毁誉，听之而已。噫！言犹在耳。其人安往？匆匆数十载，旧交零落，曷禁怆怀？悲墨卿，行自伤也。因缀小诗，以舒隐恸。

十年不到观沟村，会葬应来哭寝门。
行礼无知筋力惫，聊吟俚句为招魂。
精魂一去总前因，八九年华自在身。
最是相知鲍叔逝，相知此后复何人。
人生第一开心事，莫如佳儿读父书。
万卷家藏皆善本，多文多积较何如。
如此贻谋独擅奇，弥留付托得人时。
行看学至名归目，才识兼全大有为。
为善良家传有旧章，分财建学世流芳。
强邻侮夺人人愤，记取当年保一方。
一方权利被人谋，见义勇为勇出头。
公益热心行有素，多情不独重交游。
交谊论亡不记年，炎凉转瞬实堪怜。
恰从势利声在外，结得区区文字缘。
因缘四十年前种，岁在星皇丁亥春。
那料适逢丁卯岁，不曾面别卯归真。

(3) 白承之先生挽联

兄病久，谁不望瘥，奈噩耗传来，动魄惊魂，每人梦中常陨泪；
弟年衰，也曾思死，若愁城跳去，欢天喜地，相逢泉下好谭心。

(4) 石鼎丞先生挽联

节俭持躬，谨慎待人，七十载永矢慎勤，孰意际遇时艰，诛求频仍，转以输将穷补苴。
长子早逝，元孙旋夭，家庭中迭遭惨变，那堪奄忽暮景，形影相吊，竟因悼亡损年华。

(5) 李位斋先生挽联

屈指别几年，方冀山华名高。时切景行，那知仙驭宾天，空望观沟陨远泪。
招魂隔千里，自恨都门匏系。莫能临吊，惨对屋梁落月，将从何处哭青莲。

(6) 杨大芳先生挽联

忠恕清俭和宽，重儒而好施，学术远承范文正。
孝友睦姻任恤，裕后以自立，家风纯似吕新吾。

(7) 黄铸卿先生挽联

饱经世变，福寿全归，我公何修先觉自在。
追念风徽，恩义难忘，天壤安得再觅斯人。

(8) 刘先滢先生挽联

助我实边，有卜式弦高之识；

赖君保草,是朱家郭解一流。

(9) 张良卿先生挽联
家范谁能及,自有口碑传乡里;
公病我曾医,愧无妙术起沉疴。

(10) 黄润之先生挽联
话别未经年,本拟公毕造访,旧榻重登,借纾积悃;
疾瘳已有日,孰料噩耗传来,哲人遽萎,倍觉痛心。

(11) 王实卿先生挽联
治家多善政,教子孙克承先业,跨窟兴门,忽闻箕尾添骑,乡里争铭思旧意;
累世属厚交,余父兄相继居亭,训蒙养正,今后壤泉若遇,东宾应叙故人情。

(12) 白进斋先生挽联
爱国本天真,综生平兴学育才,输款襄公,七旬弥殷,极有儒者气象;
居乡孚众望,忆曩昔治家立业,待人从厚,一旦永逝,便是闻道工夫。

(13) 王兴之先生挽联
契友并姚朱而三,好贤吟缁衣,深忉常因镇川起;
良师与白玉为隅,学年记舞勺,余哀犹自柯亭来。

(14) 第五高小教职员挽联
桂兰竞秀,素志克偿,今朝解脱归涅槃,那管他欧风美雨千尺浪;
械朴增荣,高谊难忘,昔日栽培成梦幻,只赢得落月屋梁一天愁。

(15) 第五高小受津贴学生挽联
广厦十万间。骈幪多士,无矜容,亦无德色;
河润九千里。沾溉众生,当镂骨,更当铭心。

(16) 李延东先生挽联
两代论亲谊,最羡珂里望隆,为冠峰桃水生色;
一别刚匝月,那堪琴堂再过,因感恩知己兴怀。

(17) 李九卿先生挽联
先世沐恩施,及今余泽犹未已;
晚辈蒙栽培,此后戴德更无涯。

(18) 商浚卿先生挽联
泰山其颓乎,惜昔年翁婿关怀,一诺千金谊难忘;
大雅云亡矣,念今日甥女失慈,九原再作梦不成。

(19) 姚紫封先生挽联
二千里随宦中州,每怀盛德愈恒,报恩恨未比国土;
十四载侍谈末座,而今典型顿失,招魂何处哭先生:

(20) 姚琴轩先生挽联
有子能为汉魏唐宋之文,将看平步扶摇,欣绍薪传公不朽;
游学徒历豫鄂宁沪而返,最是坎坷落拓,愧负栽成我何堪。

(21) 刘陈箴先生挽联
终身蒙沼溉,期年来忝侍病床,敢言鸿恩报万一;
阖邑叹沦亡,廿载前力争矿产,堪振末俗著千秋。

(22) 郗润德先生挽联

古道薄云天，念彼此戚谊攸关，曾记捐金在昔；
仪型著梓里，以古今名贤为比，何堪逝水当前。

(23) 本族子青先生挽联

花萼楼中，忆卅年情话，酒冽茶香空遗我；
脊令原上，看四面烽烟，急难御侮更有谁。

(24) 本族夺魁先生挽联

助十亩田，读五年书，为商为贾，荐函枉费前生事；
披一品服，享七旬寿，成佛成仙，挂剑空传没世名。

(25) 本族守规先生挽联

廿余年侍承左右，推我食，解我衣，赖翁提携粗识字；
数千里奔走西东，志未伸，恩未报，愧余沦落倍伤情。

附录3 人物传记

1. 张士林[1]

　　张士林（1856~1927年），开明士绅。字墨卿，平定官沟村（今属阳泉市郊区）人。他出生在一个富有的农商家庭，因其爱国爱民、扶危济困、热心教育而受到人们的尊敬和爱戴。士林重知识，爱人才，堪称重教楷模。张家是平定西乡的富户之一，其"永"字商号在辽宁、吉林、河北、山西等地都开有分店。士林自幼涉足商海，在重振复兴家业中，深知发展教育培养人才的重要性，于是在家中办起了两个私塾：一是为初入学的儿童办的，另一是为学"八股"应科举的童生办的，教师则是以优厚的待遇从平定城内聘请的。平定的西乡（今郊区辛兴、旧街两乡）一向是文化落后的地区，读书人很少，有科名的（如秀才、举人）几乎没有。自张家成立家塾之后，西乡人在其中就学的，便连续出了几个秀才，如辛兴村的王作宾、潘家峪的高涤源、中庄村的王守正和王定远等。他家虽然办着两所学校，自家上学的却只有长子鸿寿一人，其余全是别人家的子弟。清光绪三十年（1904年），废科举，兴学堂，士林顺应时势，把两个家塾合为一个小学，定名为官沟村养正小学，办学经费仍由他负担。宣统元年（1909年）全县小学会考，养正小学名列第二。民国2年（1913年），平定县成立了5所高等小学，第五高小就设在离官沟村里许的赛鱼村。当时，乡里人认为，笔算不如珠算快，国文没有"四书"深，洋书（指新课本）不如古书好，不愿让孩子到五高读书，学生寥寥无几。为了支持新学，他把养正小学并入第五高小，把自己的两个儿子（同寿、恒寿）和两个孙子（迁善、从善）都送到五高上学，以示倡导。翌年，他了解到外村学童不去五高上学的原因，主要是家长怕花钱（学生须在校食宿），便主动拿出500吊钱，又联络大阳泉郗家施钱100吊，作为学生津贴的基金，存放在赛鱼村较大的商号里，津贴分三等，用于补贴贫困学生。此法施行后，学生一年多似一年。数年之后，学校已容纳不了入学的学生，他又协助五高买了一座院子供教学使用，还租了一所有六眼窑洞、三间瓦

---

[1] 摘自：陈霈、孟宏儒主编，阳泉市志，当代中国出版，1998年，第1352页。

房的院子做宿舍。革命干部甄华、甄杰人、刘征田、余子宜等都是在五高享受津贴的学生,后来先后升入中学、大学,走上了革命道路。

张士林对国家大事和民族利益十分关注。清末,山西士绅为了抗议巡抚胡聘之等将晋省矿权出卖给英国福公司,举行声势浩大的保矿运动。当时平定的士绅也组织了"保艾"公司,声援争矿运动。在争矿运动中,他捐出白银3000两。辛亥革命后,省政府奖给他"急公好义"匾额,称赞他在争矿运动中的义举。

2. 张恒寿[1]

张恒寿(1902～1991年),字越如,(一字樾如,亦或月如),郊区官沟村人。中国当代有重要成就的史学家、思想史家。

张恒寿先世几代经营铁器,是旧式商业资本家兼乡村地主家庭。父亲张士林是家族中的杰出者,喜爱藏书读书,深明事理,德高望重。恒寿6岁时,生母病逝,他就一直在父亲的呵护下长大,受其影响最深。6岁至10岁,他在私塾兼小学的学校读书,一面念《三字经》、《四书》,同时也念国文、算术等科。他曾在作文课上写出"天下者,人人之天下,非一人之天下"的语句,因此而得到先生的奖誉。12岁时他到离村三里远的赛鱼第五高小读书,三年后毕业。父亲不愿让他远离,便请了一位老先生,教授他四年古书。十多年所受的古代传统文化教育为他后来从事思想史、哲学史研究打下了坚实的基础。

民国8年(1919年)"五四"运动爆发。翌年,他到太原第一中学念书,开始接触新思想,新知识。民国10年,他在学校听了梁漱溟和印度文学家泰戈尔的演说,眼界大开,始从中国传统旧学的束缚中解脱,看到了新时代文化,看到了世界文化。特别是胡适的《中国哲学史大纲》一书引发了他对哲学的浓厚兴趣。在太原读书时,他还结识了高长虹和石评梅。民国13年,恒寿中学毕业,因继母去世没有上大学,在家闲居一年。他关心时事,读了大量进步书报。民国14年,他考入北京师范大学预科班,后因他的元配夫人和父亲相继病逝返乡。直到民国17年才升入北师大,先读英文系,后转入历史系。当时,他最感兴趣的是哲学。

民国20年"九·一八"事变,激发了张恒寿的爱国热情。他和同乡甄华、郭绳武一起,积极投入抗日救亡运动,在家乡发起成立了"平定青年奋进社",举行演讲会,创办图书馆,编发进步刊物,宣传抗日思想,揭露和抨击国民党的卖国投降政策。民国21年大学毕业,恒寿携夫人回到太原,并在一所中学里教了一年半语文、历史等。民国23年,他考入清华大学文学研究所,选取了介于文学和哲学之间的《庄子》作为研究课题。导师是刘文典先生。经过三年多的研究考证,写起了《庄子新探》考证部分的文言文初稿。在此期间,他还曾受教于冯友兰、陈寅恪、闻一多、朱自清等先生,写下几篇有价值的论文,如《六朝儒经注疏中之佛学影响》、《读〈世说新语〉札记》、《庄子与斯宾诺沙哲学之比较》、《共工洪水故事和古代民族》(均收入他的《中国社会与思想文化》一书中)。学习期满他留校任教。七七事变后,许多仁人志士纷纷投奔解放区,他因患心脏病回到家乡阳泉,失去了一次参加革命的机会。

民国27年,他携夫人到北平,准备返回清华大学,而清华大学已经迁到了昆明。他无亲无友,生活困难。迫于生计,他给人家当家庭教师,夫人给别人抄稿子。他一度还想以卖字画为生,却始终不肯到伪大学教书,给日本人做事。日军投降后,他到北京国立艺术专科学校任教,期间兼任北平文法

---

1 摘自:马根全主编,阳泉郊区志,中华书局,1999年,第705页。

学院中国哲学史副教授,还兼代私立辅仁大学的国文课。

新中国成立后,国立艺专改为中央美术学院,他为该学院副教授。1952年,全国调整院系时他被调到河北师范学院历史系任教,算是回到了本行,有了深入研究历史的机会。教学之余,写了许多关于中国古代史和哲学史的论文。他对儒学素有研究,对法家思想也有涉猎。在"文化大革命"所谓的评法批儒运动中,他宁肯沉默也不写一篇批判文章。他说:"我不能写也不想写,因为我不能说昧心的话。"1978年,张恒寿晋升为教授,遂被选为河北省政协常委。他教书50多年,桃李满天下。1982年,他以80高龄开始招收研究生,先后三批。他学识渊博,德高望重,为世人所敬慕。1991年3月7日不幸逝世,享年89岁。

他的主要著作有《庄子新探》、《中国社会与思想文化》、《韵泉室旧体诗存》。他生前所担任的社会职务有:中国哲学史学会顾问,中国孔子研究会顾问,河北省社会科学联合会副主席,中国史学会理事,河北省历史学会会长等。

3. 张梅岭[1]

张梅岭(1912~1940年),原名张守先,字梅岭,乳名成保。郊区官沟村人。其父张敦厚,早年经商,后来回家经营土地。梅岭12岁在官沟养正小学读书,后升学到赛鱼第五高小。民国17年(1928年)6月考入平定中学。毕业后回到赛鱼第五高小任教。民国25年参加牺盟会,同年加入中国共产党。任教期间,他经常给学生讲述日军的暴行,激发学生的爱国救亡热情,通过学生向邻村散发传单。七七事变后,他带着妻子郭振华一同到荫营、河底参加了八路军战地工作团。

民国25年12月,荫营被日军占领。平定(路北)县抗日政府的工作人员及游击队武装人员全部撤退到盂县上社。在此期间,郭振华临产,张梅岭把她送到西南舁东北大山的一个窝铺——野鸡圪洞,托靠给妇救会的五妮帮助照顾,他随工作团在盂县和阳曲境内继续开展抗日活动。

民国27年4月,盂县中心县委组织了一套十余人的班子,回平定路北地区开辟工作,张梅岭负责牺盟会工作。他出面召集郝家庄、西家庄、冯家峪等几个大村的上层人士和富户代表开了一个座谈会。他和区长王树仁分别在会上讲解了当时抗日斗争的形势,平定边区政府成立的意义和有关抗日民族统一战线的政策和精神。号召全县人民有钱的出钱,有人的出人,有粮的出粮,团结一心,共同抗日。不久,张梅岭被调到寿阳县担任牺盟会秘书,开展新区的工作。同年10月,在中共晋察冀二地委领导下,成立榆寿县委和县佐公署,张梅岭调县委工作,改名章美玲,任县委秘书,公开身份为牺盟会秘书。由于寿东环境恶劣,他们一直活动在寿阳西部的平头和盂县西烟一带。民国29年春,他随寿阳(路北)县县长芦纳华带领的工作组到寿东开辟工作,他们的主要任务是宣传党的政策,打击汉奸土匪,逐步建立抗日地方组织。4月5日,工作组进驻崔家垴村。不料被汉奸告密,敌人乘他们开会之际,把崔家垴包围。因寡不敌众,在突围中除少数人脱险外,张梅岭和其他6名同志壮烈牺牲。1951年9月,寿阳人民为表达怀念之情,在宗艾镇刻碑纪念张梅岭等烈士。

---

1 摘自:马根全主编,阳泉郊区志,中华书局,1999年,第675页。

后 记

官沟古村位于阳泉市西郊，距市区约8公里。清同治十一年（1872）编修的《赛鱼张氏西股家谱》记载"六世张文秀，居官沟"，这是现今发现的关于"官沟"村名最早的文字记载。该家谱修编到张氏十三世，推算可知，张文秀大约在清康熙年间迁往"官沟"居住。现存的主要建筑则修建于清中期。村落四面环山，依山而建，呈阶梯状布局，多采用"下窑上院"的形态，上下呈10余层，气势磅礴。村落的内部空间严格顺应地势，使得宅院和地形浑然一体，交错生长。街巷之走势以及剖面之形式，也完全和地形吻合。另外，官沟村现存的张家大院由红土堰的土窑院、上巷义和堂及其周边院落、下巷长庆堂忠信堂及其附属院落、德庆堂崇本堂及其附属院落等组成，规模宏大，格局完整，装饰精美，具有极高的价值。

课题组在2010年7月到2011年2月期间，多次到官沟村调查。在调查和研究过程中，我们得到各方面的帮助和支持。山西省住房与城乡建设厅厅长王国正、总规划师李锦生等领导对这套丛书给予了高度重视和积极支持。山西省建设厅城建处处长张海同志（原村镇处处长）对本书的定位、框架提出了许多宝贵意见和具体指导。村镇处处长薛明耀、副处长于丽萍同志为了保证调查研究工作的顺利开展做了大量的组织和协调工作。在2008~2010年期间，先后参加官沟村调查的硕士研究生和高年级本科生有陈海霞、高蕊馨、夏渤洋、张夏华、李志新、于代宗等。建筑学专业0702班于2010年7月在官沟村进行了为期2周的历史建筑测绘。官沟村村委主任冯四宝以及杨占贵先生对我们的调查研究给予了多方面的支持和帮助。在此，一并表示衷心的感谢。

令人欣慰的是，2010年，官沟村被山西省人民政府公布为"省级历史文化名村"。我们愿继续为官沟村的保护发展做些力所能及的事情，也衷心祝愿官沟村的文化遗产留存千古，并得到合理的开发利用！

本书由薛林平、陈海霞、高蕊馨、夏渤洋、张夏华、于丽萍分别撰写或整理了相关内容，最后由薛林平统一修改定稿。想必书中还会有遗漏、不妥、错误之处，恳请各界学者及广大读者批评指正。

薛林平
北京交通大学建筑与艺术系
2011年5月1日